Michael Meyen

CANCEL CULTURE

Wie Propaganda und Zensur Demokratie und Gesellschaft zerstören

CANCEL CULTURE

Wie Propaganda und Zensur Demokratie und Gesellschaft zerstören

Michael Meyen

HINTERGRUND
DAS NACHRICHTENMAGAZIN
WISSEN KOMPAKT

In dieser Reihe bereits erschienen:

Matthias Rude: Die Grünen
Von der Protestpartei zum Kriegsakteur
Berlin, 2023, ISBN 978-3-910568-00-6

Georg Auernheimer: Der Ukrainekonflikt
Wie Russlands Nachbarland zum Kriegsschauplatz wurde
Berlin, 2023, ISBN 978-3-910568-02-0

Wolf Wetzel: Der Anti-Antifaschismus
Antifa, angebliche Nazis, rechtsoffener Staat und geheimdienstliche Neonazi-Verbrechen
Berlin, 2023, ISBN 978-3-910568-05-1

ISBN 978-3-910568-07-5

4. Auflage, 2024
www.hintergrund.de

Konzept und Satz: Buchgut, Berlin
Druck: Sowa Sp. z o.o.
Printed in EU

Inhalt

1. Zensur ohne Zensor

Die Mail kam einen Tag vorher. Wir müssen ausweichen, sorry. Das Werksviertel will uns nicht mehr. Deshalb morgen ein neuer Ort, zu klein für alle und eine Stunde später als geplant. Einige wurden vertröstet. Bleibt ruhig, liebe Leute. Euer Held kommt doch wieder, schon bald. »Angst essen Freiheit auf« hieß der Vortrag, den Kayvan Soufi-Siavash für den 20. Oktober 2023 angekündigt hatte. Der Titel sagt, so scheint es auf den ersten Blick, alles, was man über Cancel Culture wissen muss.

In diesem Buch schaue ich genauer hin. Cancel Culture ist mehr als ein Abend, der geschoben oder gestrichen werden muss, weil ein paar Leute fürchten, an den Pranger gestellt zu werden. Cancel Culture ist ein Programm, das Deutungshoheit sichert und damit Macht. Wer diesen Begriff auf ein Buch schreibt, muss natürlich etwas sagen zu Warnhinweisen vor alten Filmen, zu Buchhändlern, die im Bestseller-Regal Fächer freilassen, wenn ihnen Autoren nicht passen, und zu Menschen, die einen Job verlieren oder gar nicht erst bekommen, weil sie als Rassisten gebrandmarkt worden sind, als Frauenfeinde oder als Antisemiten. Cancel Culture geht tiefer. Cancel Culture ist kein Zufall, der aus den Tiefen des Netzes kommt und hier einen ›Rechten‹ trifft und dort einen Forscher auf Abwegen. Der Begriff Cancel Culture steht in diesem Buch für eine Zensur, die nicht so heißen darf, weil sonst das Grundgesetz einstürzt wie ein Kartenhaus.

»Eine Zensur findet nicht statt«, steht dort nach wie vor im ersten Absatz von Artikel 5, obwohl es längst nicht mehr möglich ist, alles zu verbreiten oder wenigstens zu sehen, was für die Meinungs- und Willensbildung nötig wäre. Nur vierzig Prozent der Deutschen über 16 hatten 2023 »das Gefühl«, ihre »politische Meinung frei sagen« zu können – ein Wert, der in dieser Allensbach-Langzeitstudie bis in die frühen Nullerjahre stabil über siebzig Prozent lag.[1] Im Internet wird gelöscht, was das Zeug hält. Und im wirklichen Leben? Fragen Sie Menschen, die gegen den Strom schwimmen. Journalisten, Musiker, Maler, Verleger, Politiker, Wissenschaftler. Die Antwort heißt immer – Cancel Culture. Die Zensur geht heute, das ist die These dieses Buches, von den Leitmedien aus sowie von den Institutionen, die der Digitalkonzernstaat entweder genau dafür geschaffen oder sich in den letzten Jahren unterworfen hat. Sie stützt sich auf ein intellektuelles Prekariat, das um bezahlte Posten in Redaktionen, Universitäten und NGOs buhlt, sowie auf Parteiunternehmen, die einen erheblichen Teil der Steuereinnahmen in Propaganda umleiten und sich so ihre Pfründe sichern. Der Volksmund sagt: Wes Brot ich ess, des Lied ich sing. Allensbach liefert dazu die Daten. Abitur und Hochschulabschluss, oft verbunden mit der Aussicht auf einen Job in der Bewusstseinsindustrie (Bildung, Kultur, Medien) oder in einer Behörde, verstellen den Blick auf die Cancel Culture. In dieser Gruppe glaubt man deutlich eher, in diesem Land »frei reden« zu können (51 Prozent, Volks- und Hauptschule: 28 Prozent). Von den Anhängern der Grünen sagen dies sogar 75 Prozent.[2]

Die Suche nach den Ursachen für die »Mauer des Schweigens« auf der einen und Selbstbewusstsein oder Selbstgewissheit auf der anderen Seite lässt sich auf einen Dreisatz verdichten: Zensur, Propaganda, Digitalkonzernstaat. Alle drei Substantive sind erklärungsbedürftig – genau wie die These, die ihre Kombination transportiert. In Kurzform: Wie jede Regierung möchte auch die deutsche lenken und kontrollieren, was öffentlich

1 Roland Schatz, Thomas Petersen, Ralph Erich Schmidt: Bricht die Mauer des Schweigens? Media Tenor 2023, S. 73.

2 Ebenda, S. 19.

über sie und über die Wirklichkeit im Land gesagt wird.[3] Das funktioniert im Internetzeitalter nur, wenn man mit den Digitalkonzernen kooperiert. Diese Ehe wurzelt in dem Wissen, dass der Handlungsspielraum jeder Regierung von öffentlicher Zustimmung und öffentlicher Legitimation abhängt. »Herrschaftsverhältnisse« sind heute mehr denn je »Definitionsverhältnisse«.[4] Macht hat der, dem es gelingt, seine Interpretation der Wirklichkeit in der Öffentlichkeit zu platzieren.[5] Natürlich: Die Sprengung von Pipelines ist eine Machtdemonstration. Noch größer ist die Macht aber dort, wo darüber bestimmt wird, ob und wie wir darüber öffentlich sprechen. Zur Definitionsmacht gehört, alles auszublenden oder zu marginalisieren, was die eigene Position gefährden könnte – in Deutschland im Moment neben der Brücke über den Atlantik etwa Debatten über soziale Ungleichheit, die weltweit einen historischen Rekordstand erreicht hat,[6] die Masseneinwanderung seit 2015, die Corona-, die Russland- oder die Klimapolitik.

Das Interesse von Regierungen, öffentliche Kommunikation zu steuern, ist untrennbar mit Propaganda und Zensur verbunden. Als Propaganda werden in diesem Buch alle Versuche staatlicher Stellen definiert, »eine bestimmte, eindeutig gefärbte Sichtweise der Dinge« zu platzieren »und damit die öffentliche Diskussion in die gewünschte Richtung« zu manövrieren.[7] Dazu gehört zwangsläufig, alle Positionen zu unterdrücken, zu delegitimieren oder in ihrer Reichweite einzuschränken, »die das herrschende Narrativ infrage stellen und gleichzeitig das

3 Siehe Michael Meyen: Journalists' Autonomy around the Globe, Global Media Journal, German Edition, Nr. 1/2018.

4 Ulrich Beck: Die Metamorphose der Welt, Berlin 2017, S. 129, 132.

5 Siehe Václav Havel: Versuch, in der Wahrheit zu leben, Reinbek 1989, S. 19.

6 Siehe Thomas Piketty: Kapital und Ideologie, München 2020.

7 Andreas Elter: Die Kriegsverkäufer, Frankfurt am Main 2005, S. 19f.

Potenzial einer weiten Verbreitung besitzen«[8] – Zensur. Noch einmal anders formuliert: Propaganda und Zensur sind zwei Seiten der gleichen Medaille. Wer seine »Sichtweise der Dinge« durchsetzen will, muss die Konkurrenz bekämpfen und möglichst ausschalten. Zensur ist ein »Herrschaftsinstrument zur Durchsetzung von wirtschaftlichen Interessen, politischer Macht und kultureller Hegemonie«.[9]

Dass sich viele scheuen, bei der Analyse westlicher Gegenwartsgesellschaften Propaganda und Zensur beim Namen zu nennen, ist das Ergebnis einer systematischen Begriffsentkernung. Von Zensur ist in wissenschaftlichen Texten genau wie in der politischen Bildung in aller Regel nur dann die Rede, wenn es um Regierungsformen geht, die als ›totalitär‹, ›diktatorisch‹ oder ›undemokratisch‹ bezeichnet werden können – Hitlerdeutschland, die Sowjetunion, Russland, China, Nordkorea, manchmal auch Ungarn. »Eine Zensur findet nicht statt«: Durch diese Brille beschreibt das Grundgesetz die Wirklichkeit, solange es keine Zensurbehörde gibt und der Staat die Medienhäuser nicht selbst besitzt. Wenn jemand das Gegenteil behauptet, wird er als Clown aus dem »Politikzirkus« abgestempelt, der wahlweise einen »Kampfbegriff« von »rechts« verwendet, zu den »rechtspopulistischen Linken« gehört (was immer das genau sein mag) oder gar zu einer »Querfront« von Antidemokraten.[10] Dieses Framing erlaubt es, Angriffe auf Andersdenkende als »zivilgesellschaftliches Engagement« zu rechtfertigen[11] und eine Linie zu ziehen zwischen »rigider Zensur« und »einer gefühlten, sogenannten ›Cancel Culture‹«.[12] Gefühlt, sogenannt und dann noch in

8 Hannes Hofbauer: Zensur, Wien 2022, S. 7.

9 Ebenda, S. 237.

10 Nikola Roßbach: Achtung Zensur! Berlin 2018, S. 82, 88.

11 Arno Frank: Salman Rushdie über Empörungskultur und Zensur, Der Spiegel Nr. 44/2023.

12 Ausstellung »Verbotene Bücher« im Literaturhaus München, 28. Oktober 2023 bis 4. Februar 2024. Siehe Axel Klopprogge: Gute und böse Zensur? Medien+, 2.1.2024.

Anführungszeichen: Es kann nicht sein, was nicht sein darf. In der akademischen Debatte wird das Phänomen Cancel Culture folgerichtig ins Reich der Fabel verwiesen und die Debatte darüber als perfide Finte der ohnehin schon Mächtigen abgetan – als ein Machtmittel der alten Eliten, die einfach nicht begreifen wollen, dass ihre Zeit vorbei ist und dass jetzt endlich auch die mitreden können, die früher keiner hören wollte.[13]

Wenn 62 Prozent der AfD-Anhänger sagen, es sei »besser, vorsichtig zu sein«, wenn man nach seiner »politischen Meinung gefragt« wird,[14] dann gilt das in dieser Lesart als Kollateralschaden. Und wenn Kayvan Soufi-Siavash in München nicht im Werksviertel auftreten darf, dann ist das kein Akt der Zensur, sondern Ausdruck einer ›wehrhaften Demokratie‹ – frei nach dem Motto: ›Wir‹ wissen, was ›wir‹ von diesem Mann zu halten haben. Schaut doch bei Wikipedia nach. Antisemitismus und Verschwörungstheorien. Jemand, der über seinen Kanal *KenFM* »Falschinformationen zur Covid-19-Pandemie« verbreitet und deshalb im November 2020 von YouTube »dauerhaft« gesperrt wurde, als er sich noch Ken Jebsen nannte. Ein »Verdachtsfall« für den Verfassungsschutz.

Auch hier sind Duktus und Sprache verräterisch. Ein US-Konzern löscht Videos aus Deutschland. Wegen Falschinformationen. Offenbar das Gegenteil von Wahrinformationen. »Wahrheit gibt es nur zu zweien« steht auf einem Buch mit Briefen von Hannah Arendt.[15] Wie wir die Wirklichkeit sehen, hängt davon ab, was wir bisher erlebt haben, wie weit wir gekommen sind und was wir noch wollen. Das heißt auch: Wir müssen uns wieder und wieder selbst bemühen, Glaubhaftes von Unsinn

13 An prominenter Stelle Adrian Daub: Cancel Culture Transfer, Berlin 2022. – Siehe Kapitel 6.

14 Roland Schatz, Thomas Petersen, Ralph Erich Schmidt: Bricht die Mauer des Schweigens? Media Tenor 2023, S. 19.

15 München 2015.

 zu unterscheiden. Wir müssen streiten. Da draußen ist niemand, der die »Grenze zwischen dem Erlaubten und dem Verbotenen« ein für allemal festlegen könnte.[16] Deshalb, sagt Bernd Stegemann, ein Theatermacher, darf diese Grenze nirgendwo erwähnt werden. Anders formuliert: Die Zensur selbst wird für die Zensoren automatisch zu einem Tabu. Andernfalls geraten sie in Begründungsnot. Das Gerede über Cancel Culture hilft ihnen dabei. Der Begriff ist vage, scheinbar modern und bei weitem nicht so bedrohlich wie Zensur. Kultur, immerhin. Und ein Wort aus dem Englischen, das längst nicht jeder versteht. Im Zweifel kann man immer noch von »Einzelfällen« sprechen und fragen, ob sich all die Cancel-Geschichten tatsächlich »exakt so zugetragen« haben, wie sie »kolportiert« werden. Die *Süddeutsche Zeitung* zieht diese Frage gleich ins Lächerliche: Wie viele Berichte brauchen wir, um von einem »strukturellen Problem« ausgehen zu können? »Zwei oder drei? 20 oder 30? 200 oder 300?«[17]

Die andere Seite der Medaille ist ganz ähnlich bearbeitet worden. Propaganda ist im herrschenden Sprachgebrauch inzwischen stets das, was die anderen machen – Nazis und Kommunisten vorzugsweise, aber auch sonst alle, die als ›Gegner‹ und ›Feinde‹ klassifiziert werden können. Die Kommunikationswissenschaft, meine akademische Disziplin, hat vergessen, dass sie als Propagandaforschung geboren wurde. Dabei macht sie nichts anderes als ihre Erfinder, die im Auftrag von Regierung, Militär und Geheimdiensten in den USA herausfinden sollten und wollten, wie man in die Köpfe der Menschen kommt. Psychologische Kriegsführung. Staat und milliardenschwere industrienahe Stiftungen (Rockefeller, Ford) haben ab 1939 Hunderte Sozialwissenschaftler bezahlt, um auch den Kampf

16 Bernd Stegemann: Die Öffentlichkeit und ihre Feinde, Stuttgart 2021, S. 161.
17 Jens-Christian Rabe: Mit zwei Fragen zur Wahrheit, Süddeutsche Zeitung, 15.1.2023.

um die öffentliche Meinung zu gewinnen. Ein Ergebnis: Man sprach fortan von Kommunikation und nicht mehr von Propaganda.[18] Das änderte zwar nicht das, wonach man suchte, erlaubte aber, die eigenen ›guten‹ Absichten von den ›schlechten‹ der Deutschen und später der Sowjets oder der Russen abzugrenzen.

Die Begriffe Zensur und Propaganda sind auf diese Weise zu einem stumpfen Schwert gemacht worden. Medien- und Gesellschaftskritik können sie zumindest im deutschsprachigen Kontext nicht mehr verwenden, ohne sofort mit dem Vorwurf konfrontiert zu werden, maßlos zu übertreiben oder gar den ›Rechten‹ in die Karten zu spielen. In diesem Buch wird dieses Risiko aus zwei Gründen in Kauf genommen. Zum einen kann jeder die Argumente prüfen und dann selbst entscheiden, ob es gerechtfertigt ist, im oben definierten Sinn von Propaganda und Zensur zu sprechen. Zum anderen hatten Klassiker wie Walter Lippmann oder Edward Bernays überhaupt kein Problem damit, Ross und Reiter zu nennen. Lippmann, der das Ohr von US-Präsidenten hatte und zu den Vätern eines der wichtigsten Machtinstrumente des Landes gehörte (Council on Foreign Relations), wusste schon vor hundert Jahren, dass Nachrichten alles sein mögen, aber auf keinen Fall ein »Spiegel gesellschaftlicher Zustände«.[19] Dieser Walter Lippmann träumte von einer Regierung der Experten, die sich als Volksherrschaft tarnt und dafür die öffentliche Meinung gezielt beeinflussen muss – über die »Bilder, nach denen ganze Gruppen von Menschen« handeln.[20] Sein Jünger Edward Bernays hielt Propaganda ein paar Jahre später folgerichtig für »eine vollkommen legitime Aktivität«. Ohne »öffentliche Zustimmung«, schrieb Bernays 1928, »kann kein größeres Vorhaben«

18 Siehe Christopher Simpson: Science of Coercion, New York 1994.

19 Walter Lippmann: Die öffentliche Meinung, Frankfurt am Main 2018, S. 84.

20 Ebenda, S. 75.

 mehr gelingen. Diese Zustimmung, da war sich Bernays sicher, muss und kann organisiert werden – von »PR-Beratern« wie ihm. Seine Definition entspricht dem, was ich in diesem Buch vertrete: »Moderne Propaganda ist das stetige, konsequente Bemühen, Ereignisse zu formen oder zu schaffen mit dem Zweck, die Haltung der Öffentlichkeit zu einem Unternehmen, einer Idee oder einer Gruppe zu beeinflussen.«[21]

Lippmann und Bernays haben die »Vereinigung von Staat und Konzernen« nicht mehr erlebt, für die ihr Landsmann Sheldon Wolin in den Nullerjahren das Label »Supermacht« nutzen konnte.[22] Wolin hielt »Demokratie« ähnlich wie Walter Lippmann für eine »weitgehend rhetorische Funktion innerhalb eines zunehmend korrupten politischen Systems« (das er allerdings kritisierte und nicht verteidigte) und sprach stattdessen von einer »Koalition zwischen den Unternehmen und dem Staat« – von einem »umgekehrten Totalitarismus«, der zwar wie einst Hitler, Mussolini oder Stalin »die Autorität und die Ressourcen des Staates« nutze, aber »seine Dynamik durch die Kombination mit anderen Formen der Macht« gewinne (etwa mit den Kirchen) und die »herkömmliche Regierungsform« mit »dem System des ›privaten‹ Regierens« verknüpfe, »das durch moderne Kapitalgesellschaften repräsentiert wird«. Etwas kürzer: Die »Macht der Konzerne« ist jetzt auch politisch. In der Ära des Kalten Krieges seien Staat und Konzerne »zu den Hauptsponsoren und Koordinatoren der durch Wissenschaft und Technik repräsentierten Kräfte« geworden und damit auch Quelle »zur Schaffung und Verbreitung einer Kultur, die die Konsumenten dahingehend erzieht, Veränderungen und private Vergnügungen

21 Edward Bernays: Propaganda, Berlin 2018, S. 28–32.
22 Sheldon S. Wolin: Umgekehrter Totalitarismus, Frankfurt am Main 2022, S. 221.

zu begrüßen und gleichzeitig politische Passivität zu akzeptieren«.[23]

Der »umgekehrte Totalitarismus« ist bei Sheldon Wolin eine »neue Art von politischem System«, das »von abstrakten totalisierenden Mächten angetrieben wird, nicht von persönlicher Herrschaft«, und dessen »totale Macht« schon deshalb schwerer zu erkennen ist als bei den ›Führern‹ von einst, weil dieses System keine Lager bauen muss und es auch nicht nötig hat, »Andersdenkende gewaltsam zu unterdrücken, solange sie wirkungslos bleiben«.[24] Wolin sagt: Für die Kontrolle genügt es, »ein kollektives Gefühl der Abhängigkeit zu schaffen«[25] sowie das zu nutzen, was heute an Methoden der »Einschüchterung und Massenmanipulation«[26] verfügbar ist. Umgekehrter Totalitarismus: Das ist »kollektive Angst« plus »individuelle Ohnmacht«. Arbeitsplatz, Altersvorsorge, Gesundheitskosten. Dazu das Tempo im Job, der Stress im Alltag, die ständigen Aufreger um irgendwelche Politikskandale.[27] Ergebnis: eine »Gesellschaft, die es gewohnt ist, neue Gewohnheiten gegen alte auszutauschen, sich an rasante Veränderungen, Unsicherheiten und soziale Verwerfungen anzupassen und ihr Schicksal von entfernten Mächten bestimmen zu lassen, auf die man keinen Einfluss hat«.[28]

Die Leitmedien blendet Sheldon Wolin weitgehend aus – genau wie den digitalen Kapitalismus, der für den Altmeister der US-Politikwissenschaft, geboren 1922, beim Schreiben seines letzten großen Buchs nach 9/11 bestenfalls Zukunftsmusik gewesen sein dürfte. Gut zwei Jahrzehnte später ist die »Drehtür zwischen den Machtzentren beider Küsten« (zwischen Washington und dem

23 Ebenda, S. 60–63.
24 Ebenda, S. 118, 134.
25 Ebenda, S. 192.
26 Ebenda, S. 56.
27 Ebenda, S. 352.
28 Ebenda, S. 116.

Silicon Valley) beinahe sprichwörtlich geworden.[29] Man verschiebt Personal von hier nach dort, spielt sich in Wahlkämpfen die Bälle zu und arbeitet, wie in diesem Buch zu zeigen sein wird, Hand in Hand, wenn es darum geht, in den politischen Kämpfen der Gegenwart die Definitionsmacht zu behalten.

Der Digitalkonzernstaat braucht kein Wahrheitsministerium. Er bezahlt Experten, die sich überall und jederzeit in seinem Sinne äußern, füttert die großen Medienhäuser, damit sie das auch senden und Gegenstimmen unter den Tisch fallen lassen, und hält sich ein ganzes Heer, das auf alle schießt, die mahnen, zweifeln, meutern. »Verschwörungsideologe: Katholisches Kolpingwerk lässt Ken Jebsen auftreten«, titelte die *Frankfurter Allgemeine* am 29. August 2023 einen Tag vor einem Vortrag von Kayvan Soufi-Siavash in Bensheim und sorgte so für eine Medienlawine, die sogar die *Tagesschau* erreichte, für Distanzierungen und für einen Rücktritt im Vorstand (der Mitarbeiter habe »die Vermietung im Alleingang vorgenommen«), für eine Gegendemonstration und das Versprechen der Saalbetreiber, künftig besser aufzupassen. Die *Hessenschau*, das wichtigste HR-Magazin, bezahlt von allen über den Rundfunkbeitrag, ließ dafür Salome Saremi-Strogusch sprechen, 2021 mit dem Bundesverdienstkreuz ausgezeichnet. Ihre Schlagworte, untergebracht in dreißig Sekunden: Zivilcourage, Menschenrechte und Demokratie schützen, starkes Zeichen, queere Jugend Bensheim, ganz wichtig. Beim Wort »Meinungsfreiheit« spricht die Ordensträgerin die Anführungszeichen mit und ergänzt die Formel »Hass und Hetze«. Auf den Plakaten dahinter liest man »Antisemitismus« und »Verschwörung«. Aus dem Off war vorher zu hören, dass Ken Jebsen einer »der zentralen

29 Shoshana Zuboff: Das Zeitalter des Überwachungskapitalismus, Frankfurt am Main 2018, S. 150.

Vertreter der Corona-Leugner-Bewegung« gewesen sei und »gegen Bill Gates« gehetzt habe.[30] Ein paar Wochen später in München braucht es keine Journalisten mehr. Im Werksviertel weiß man, was passieren würde, wenn Kayvan Soufi-Siavash dort auftritt.

Wir müssen uns an diesem Beispiel nicht festbeißen. Vielleicht mögen Sie den Mann nicht. Vielleicht interessieren Sie sich eher für den »Gegenwind«, der Hans-Georg Maaßen, 2012 bis 2018 Präsident des Bundesamtes für Verfassungsschutz, im Sommer 2023 in Bad Aibling vom Podium wehen sollte (Tenor: »Zum wiederholten Mal« bekommen »Verschwörungsideologen und rechte Hetzer auf der Kurhausbühne ein Podium«),[31] oder für die Künstler der Internationalen Agentur für Freiheit (unter anderem Michal Lezian, Clement Loisel, Jill Sandjaja, Raymond Unger), die im Dezember 2023 kurz vor der Vernissage gezwungen wurden, ihre Bilder im Neuköllner Café Rix wieder abzuhängen und sich dann auch noch vor dreißig Polizeibeamten für diesen »Kunstraub« zu rechtfertigen.[32] Hier wie dort waren die Angreifer geschützt durch ein Meinungsklima, das der Digitalkonzernstaat über die Leitmedien verbreitet und durch Helfershelfer zementieren lässt, die von ihm ausgebildet, bezahlt, gelockt, erpresst werden. Dieser Mechanismus erklärt, warum Bauernfunktionäre vorab Dinge verurteilen, die noch gar nicht passiert sind. Dieser Mechanismus erklärt auch, warum die Burgerkette *Hans im Glück* einen Mitgesellschafter feuert, nachdem die Plattform *Correctiv*, ein Musterbeispiel für die Zustände im »umgekehrten Totalitarismus«, diesen Mann in die Nähe von AfD und Rechtsextremismus gerückt hatte.[33]

30 Hessenschau, 30.8.2023, Beitrag von Volker Siefert und Sonja Süß.
31 Regionalfernsehen Oberbayern, 20.7.2023.
32 Eugen Zentner, Transition News, 17.12.2023.
33 »Hans im Glück« trennt sich von Mitgesellschafter, tagesschau.de, 10.1.2024.

Natürlich: Ich könnte in diesem Buch für Toleranz plädieren, an die Ideale der Aufklärung erinnern und für eine neue, alte Art des Umgangs miteinander werben. Bei Julian Nida-Rümelin, Philosoph, Kulturstaatsminister in der ersten Schröder-Regierung, dann lange Professorenkollege an der LMU München und vier Jahre mein Mitstreiter im Forschungsverbund *Fit for Change*, hat dieser Appell »für eigenständiges Denken« zwei Teile: »rechtswidrige Aktivitäten« (»Beleidigungen, Aufstachelungen zum Völkerhass, Leugnung des Holocausts, Anstiftung zu Straftaten wie Terrorakten«) verbieten und alles andere »aushalten«.[34] Ich fürchte allerdings, dass es dafür zu spät ist. Die *Süddeutsche Zeitung* hat ausnahmsweise Recht: Es geht nicht um »Einzelfälle«, die man im Buch von Julian Nida-Rümelin genauso findet wie auf dem Internetgrabstein cancelculture.de oder auf der Seite des Netzwerks Wissenschaftsfreiheit. Es geht schon gar nicht um irgendeine US-Studentin, die gerade nicht weiß, ob sie nicht doch lieber ein Mann sein will, oder ihre Gefühle ordnen muss, weil vorn schon wieder ein alter weißer Mann spricht. Cancel Culture führt ins Herz der Macht. Um das zu verstehen und die Mechanik all der Fälle entschlüsseln zu können, die auch durch diese Einleitung spuken (Kapitel 6), muss man sich an die Bedrohung erinnern, die dem Wahrheitsregime durch das Internet erwachsen ist (Kapitel 2), und nicht nur den Platz kennen, den der Leitmedienjournalismus dort heute hat (Kapitel 4), sondern auch die Propaganda- und Zensurmaschinen, die der Digitalkonzernstaat betreibt, um die Deutungshoheit zu behalten (Kapitel 3 und 5).

34 Julian Nida-Rümelin: »Cancel Culture«, München 2023, S. 126f.

2. Internet, ›Wahrheit‹ und ›vierte Gewalt‹

Das Internet hat einen Januskopf. Wer etwas älter ist, erinnert sich an das Lächeln. Demokratie, endlich. »Neue Schlachten für die Freiheit«,[35] bei denen Sieger und Verlierer schon vorher feststehen. Die Verdammten dieser Erde, da waren sich die Propheten eines neuen Zeitalters in den 1990er Jahren sicher, würden aufstehen und alle Institutionen hinwegfegen oder wenigstens kapern, die bis dahin an der Macht waren. Staat, Kirchen, Parteien und vielleicht sogar die Konzerne. Manuel Castells, ein spanischer Soziologe, der im Geist von Marshall McLuhan die Internet-Galaxie ausrief und dafür bis in die frühen 2010er Jahre mit Zitaten, Lob und Preisen überschüttet wurde, sah sich einfach die Pioniere der Technologie an und malte dann ein Himmelreich, das für jeden offen ist (wie bei den Hackern), sich selbst organisiert und keine Hierarchien kennt (wie virtuelle Gemeinschaften), Kompetenz schätzt (wie die Gelehrten) und persönlichen Einsatz belohnt (wie bei den Garagen-Tüftlern). Ich habe das damals in meine Theorievorlesung eingebaut, um den jungen Leuten den Weltschmerz zu nehmen. Manuel Castells versprach, dass die Netzwerklogik gewissermaßen automatisch soziale Bewegungen und Bürgerbeteiligung pushen, den Reichtum neu verteilen und so Glück für alle bringen würde.

Die Geheimdienste und das Militär hat dieser Soziologe übersehen oder ignoriert. Natürlich haben Wissenschaftler und Computerfreaks, Gründer und Unternehmer mitgeschrieben an den Programmen, die heute Menschen, Zusammenleben, Gesellschaften formatieren, ihre Paten

35 Manuel Castells: Die Internet-Galaxie, Wiesbaden 2005, S. 183.

 im Silicon Valley aber waren Pentagon, CIA und NSA.[36] Das Internet, das ist die dunkle Seite hinter dem Emanzipationsversprechen, wurde als Kontroll- und Herrschaftsinstrument für eine Weltbevölkerung konzipiert, die, das war in der zweiten Hälfte des 20. Jahrhunderts abzusehen, rasant wächst, viel besser gebildet ist als ihre Vorfahren und auch deshalb nicht mehr so leicht zu unterdrücken sein würde wie früher. Also das Internet, das wie gemacht zu sein scheint für unsere Probleme, unsere Bedürfnisse, unseren Wunsch nach einem effektiven Leben. Ein paar Klicks und alles ist erledigt. Wir gehören dazu. Wir werden gesehen. Wir wissen Bescheid. Der Suchtfaktor ist so groß, dass wir alle Warnungen vor dem »Überwachungskapitalismus« selbst dann in den Wind schlagen, wenn wir wissen, dass es keineswegs nur darum geht, uns irgendetwas zu verkaufen. Um das Verhalten vorhersagen zu können, müssen und wollen die Datenpriester den Menschen abhängig machen, in Angst halten, steuern und letztlich ändern.[37]

Wer die Cancel Culture verstehen möchte, darf diesen Januskopf nicht ausblenden. Das eine (Überwachung und Kontrolle) war und ist nicht zu haben ohne das andere – ohne die Möglichkeit, sich tatsächlich zu vernetzen, über Stammtisch und Strickzirkel hinaus sichtbar zu werden und vor allem das anzuzweifeln, was die Leitmedien über die Wirklichkeit verbreiten. Eine zweite ›Wahrheit‹. Paul Schreyer, Mitherausgeber der Plattform *Multipolar*, hat beschrieben, wie ihn kurz nach 9/11 eine Artikelserie von Mathias Bröckers über die »World Trade Center Conspiracy«, veröffentlicht auf *Telepolis*, förmlich »aus den Socken gehauen« hat: »Ich dachte: Das kann ja wohl nicht wahr sein. Warum höre ich das

36 Siehe zum Beispiel Nafeez Ahmed: How the CIA made Google, Medium, 22.1.2015.
37 Shoshana Zuboff: Das Zeitalter des Überwachungskapitalismus, Frankfurt am Main 2018.

sonst nirgendwo? Im Internet kann man Links setzen, mit Belegen. Man kann prüfen, was dort steht. Zu den Quellen gehen. Das hat mich fasziniert. Das Prinzip, Informationen in dieser Breite für jeden zugänglich und überprüfbar zu machen. Der Widerspruch zu dem, was sonst berichtet wurde, war so gigantisch, dass man ihn nicht einfach ignorieren konnte. Dieser Riss in der Gesellschaft ließ einen die ganze Welt anders sehen.«[38]

Für das Wahrheitsregime war diese Faszination eine Bedrohung. Paul Schreyer, Jahrgang 1977, ist damals zum Journalisten geworden. Er hat sich hineingegraben in den Kaninchenbau, in Foren diskutiert, Verantwortliche konfrontiert und daraus vier Bücher gemacht, die eine andere 9/11-Geschichte erzählen und mindestens genauso plausibel sind wie die offizielle Version. Den Begriff Wahrheitsregime muss ich erklären, obwohl es dazu in meinen letzten beiden Büchern jeweils ein eigenes Kapitel gibt.[39] Der Begriff ist nicht von mir, wie zum Beispiel die *Frankfurter Rundschau* behauptet und mich so (sicher aus Versehen) auf eine Stufe mit Michel Foucault gestellt hat.[40] Dieser Philosoph war alles, was man in den 1940ern und 1950ern nicht sein durfte. Schwul, schrill, selbstzerstörerisch.[41] Auf der Suche nach sich selbst (re-search ist immer auch me-search[42]) und nach den Mechanismen, die bestimmen, wer warum im Abseits steht und so zum Beispiel auch die ›Wahrheit‹ formen, die wir uns über die Sexualität erzählen,[43] kam er auf eine Konstante: Jede Gesellschaft hat und braucht ein »Wahrheitsregime« – Techniken, von denen wir annehmen dürfen, dass sie Wahrheit

38 Alexis von Mirbach, Michael Meyen: Das Elend der Medien, Köln 2021, S. 168f.

39 Die Propaganda-Matrix, München 2021 und Wie ich meine Uni verlor, Berlin 2023.

40 Patrick Guyton: Professor wird mit Verschwörungstheorien zum Fall für den Verfassungsschutz, 7.4.2023.

41 Siehe Didier Eribon: Michel Foucault, Berlin 2019.

42 Robert Nash, DeMethra LaSha Bradley: Me-Search and Re-Search, Charlotte 2011.

43 Siehe Michel Foucault: Der Gebrauch der Lüste, Frankfurt am Main 1989.

produzieren, Menschen, die befugt sind, diese Wahrheiten zu verkünden, und Mittel, um Abweichler zu sanktionieren.[44]

In Kapitel 1 habe ich schon Hannah Arendt bemüht und das Briefbuch »Wahrheit gibt es nur zu zweien«. Bei dieser großen Denkerin ist Wahrheit »das, was der Mensch nicht ändern kann«.[45] Der Bundeskanzler heißt Olaf Scholz. Deutschland war 1954, 1974, 1990 und 2014 Fußballweltmeister. Zwei plus zwei ist vier. Ich musste ein wenig überlegen, um etwas zu finden, was sich nicht fälschen, leugnen oder als ›Meinung‹ abtun lässt. Hannah Arendt glaubte zwar an die »Hartnäckigkeit von Tatsachen«, wusste aber zugleich, warum es so leicht ist, »Fakten« und »Ereignisse« zu manipulieren oder aus der Welt verschwinden zu lassen (selbst »Tatbestände, die allgemein bekannt sind«) und durch ein Image zu ersetzen, das besser in die herrschende Ideologie passt und zu den Interessen der Macht: »Fakten besitzen keinerlei zwingende Evidenz für den menschlichen Verstand, sie sind zumeist noch nicht einmal einleuchtend«.[46] Ein T-Shirt-Träger, der mir neulich gegenübersaß, trug ein Zitat spazieren, das von Mark Twain sein soll: »It's no wonder that truth is stranger than fiction. Fiction has to make sense.«

In meinen Vorträgen beiße ich damit oft auf Granit. Die ›Fakten‹, Herr Meyen. Wenigstens darauf müssen wir uns doch einigen können. Wo kommen wir denn hin, wenn jeder seine eigenen Fakten hat? Ich verweise dann auf die Sprache, die nicht vergessen hat, dass es keine ›Fakten‹ ohne einen Menschen gibt. Im Wort ›factum‹ stecken ›machen‹, ›tun‹, ›handeln‹. Lateinisch: facere. Manufaktur. Handarbeit. Jede Studie ist von irgendjemandem geplant, bezahlt, umgesetzt, ausgewertet worden. Dass die

44 Siehe Michel Foucault: Die Regierung der Lebenden, Berlin 2014.
45 Hannah Arendt: Wahrheit und Lüge in der Politik, München 2016, S. 92.
46 Ebenda, S. 75f., 82.

Wissenschaft uns trotzdem oft genug ›Objektivität‹ verspricht, ist eine Nebelkerze, die genau das verdecken soll. Wenn dieses Argument nicht zieht, gehe ich in die Erkenntnistheorie. Wahr ist eine Aussage dann, wenn sie mit der Wirklichkeit übereinstimmt – mit »Phänomenen«, die »ungeachtet unseres Wollens da sind«,[47] etwa das Wetter. Ein »Phänomen«, über das ich eine Aussage machen kann. Das Problem liegt auf der Hand. Ist es heute heiß oder nur warm? War es im letzten Jahr um diese Zeit wirklich besser? Jeder steht auf einem anderen Erfahrungsberg. Und wir brauchen eine Story, eine Geschichte, wenn wir wollen, dass uns jemand zuhört. Warum hat die deutsche Fußballnationalmannschaft das WM-Finale 2014 gewonnen? Durch das Tor von Götze? Die Parade von Neuer? War es der Elfmeter, den Argentinien nicht bekommen hat? Der blutende Schweinsteiger? Die Verletzung von Khedira, die die Aufstellung veränderte, oder die von Reus, bevor es überhaupt losging? Der Fels Boateng? Oder doch die Spiel- und Führungskunst von Lahm?

Ich nutze den Fußball, weil es hier wie bei jedem Spiel um (fast) nichts geht. Die Wahrheit liegt tatsächlich auf dem Platz. 1:0. Punkt, aus. Neben dem Platz ist das anders. Pipelines kaputt, LNG vor Rügen, Krieg in der Ukraine, in Gaza und im Jemen, CO_2-Steuer, AfD-Verbot, Gendern, Bahnstreik, Trump: Ich könnte die Liste fortsetzen. In Politik, Wirtschaft, Kultur gibt es keinen Schlusspfiff, keinen Schiedsrichter und schon gar keinen Videobeweis. Es gibt Pro und Kontra und das auch noch in der Mehrzahl. Diese Unsicherheit können wir offenbar nicht ertragen. Deshalb das Wahrheitsregime, sagt Michel Foucault.

Bis zum Jugoslawienkrieg und vielleicht sogar bis 9/11 hatte der Journalismus der Leitmedien alles, was es dafür

47 Peter L. Berger, Thomas Luckmann: Die gesellschaftliche Konstruktion der Wirklichkeit, Frankfurt am Main 2016, S. 1.

 braucht. An erster Stelle steht dabei eine Berufsideologie, die jede Auswahl legitimiert. Objektivität, Neutralität, Unabhängigkeit. Was die *Tagesschau* meldet und was sie weglässt, so wird uns suggeriert, hat nichts mit Interessen zu tun. Was in der Zeitung steht, hat nichts mit Interessen zu tun. Die Macher können sich dabei sogar auf die Wissenschaft berufen, auf die Nachrichtenwerttheorie etwa, die in ihrer einfachsten Spielart sagt, dass jedes Ereignis Eigenschaften hat, von denen uns manche stärker fesseln und andere schwächer.[48] Die Welt von *Tagesschau* und Tagespresse wird so jeder Kritik entzogen. Die Redakteure haben nur das umgesetzt, was jeder von uns an ihrer Stelle ganz genauso gemacht hätte.

Man muss kein Medienforscher sein, um die Tatsachen zu sehen, die dem widersprechen. Die Medienhäuser gehören entweder ultrareichen Familien oder sind fest in der Hand der Politik. Mohn, Bauer, Burda, Springer, Holtzbrinck, Schaub, Ströer, Grotkamp, Ippen, Diekmann: Milliardäre oder auf dem Weg dorthin. Über den öffentlich-rechtlichen Rundfunk muss ich nicht viel sagen. Es genügt, sich die Spitzenpositionen anzuschauen, um die Verquickung von Journalismus und Regierung zu sehen. Ulrich Wilhelm war Sprecher von Edmund Stoiber und Angela Merkel, bevor er Intendant des Bayerischen Rundfunks wurde. Ulrike Demmer hat das beim RBB ganz ähnlich gemacht. Christine Strobl, Programmdirektorin des Ersten, ist die älteste Tochter von Wolfgang Schäuble. Ihr Mann Thomas ist seit 2016 Innenminister in Baden-Württemberg. Und Steffen Seibert wanderte vom *heute-journal* im ZDF über Angela Merkel in die deutsche Botschaft nach Tel Aviv.

48 Michaela Maier, Karin Stengel, Joachim Marschall: Nachrichtenwerttheorie, Baden-Baden 2010.

Ich will mich gar nicht mit solchen Personalien aufhalten, sondern für die Funktion sensibilisieren, die die Berufsideologie im Wahrheitsregime hat. Der Journalismus ist nicht objektiv, neutral und unabhängig. So, wie er im Moment organisiert ist, kann er das gar nicht sein. In politischer Bildung und Sonntagsreden wird trotzdem das Gegenteil behauptet, um *Tagesschau*, *Süddeutsche Zeitung* und *Spiegel* zu Wahrheitsinstanzen zu machen. Dem gleichen Ziel dient die Erzählung von der ›vierten Gewalt‹. Auch dieses Märchen verschleiert, dass die Leitmedien Teil des Machtblocks sind. Diese ›vierte Gewalt‹ liegt mit den anderen drei Gewalten und ihren Sponsoren unter einer Decke. Wer da an Kritik und Kontrolle glaubt, der wartet im Dezember vermutlich auch auf Nikolaus, Christkind und Weihnachtsmann.

Die Erfinder dieses Konzepts im England des 19. Jahrhunderts hatten das ganz anders gedacht. In Kurzform: vierter Stand. Wir alle. Die Leitmedien sind da nur ein Mitspieler unter vielen und auch nur dann relevant, wenn sie tatsächlich allen ein Forum bieten. Vierte Gewalt heißt dann: Meinungsbildung jenseits von Parlamenten, Apparaten, Gerichten. Meinungsbildung auf der Straße, an Stammtischen und über die Kanäle, die nicht der »Koalition zwischen den Unternehmen und dem Staat« (Sheldon Wolin)[49] gehören.[50] Der westdeutsche Verlegerverband schaffte es nach dem Zweiten Weltkrieg über Martin Löffler, seinen Hausanwalt, die Idee der ›vierten Gewalt‹ umzudeuten und die großen Zeitungen plötzlich wie einen Gegenspieler der Macht aussehen zu lassen, obwohl sie Fleisch von ihrem Fleische waren und sind. Löffler

49 Siehe Kapitel 1.

50 Siehe Hans Wagner: Vom Gespenst, das als »Vierte Gewalt« erscheint, Zeitschrift für Politik 2007, S. 324–351.

behauptete einfach, die Presse sei frei und lasse die sprechen, auf die es letztlich ankomme – die Eliten.[51]

Wie tief sich Löfflers Formel in unsere Vorstellungen eingebrannt hat, merke ich nicht nur bei meinen Vorträgen, wo aus dem Publikum immer wieder gefordert wird, den Journalismus endlich wieder zu einer ›vierten Gewalt‹ zu machen – etwas, was er nie war. Die Panama Papers sind kein Gegenbeweis. Bei jedem Datenleck will jemand, dass es tropft. Es ist auch gar nicht schwer, diesen Jemand zu benennen. Fragen Sie Julian Assange, der drauf und dran war, eine Instanz zu schaffen, die genau das macht, was der Journalismus uns immer wieder verspricht, und dafür zu einer Persona non grata gemacht wurde.[52] Richard David Precht und Harald Welzer wussten das alles nicht oder haben es nicht wissen wollen, als sie »Die vierte Gewalt« auf ihren Bestseller geschrieben haben.[53] Im Innenteil rufen der Philosoph und der Soziologe dann alle paar Seiten laut, dass Einflüsse der Regierung auf Rundfunkanstalten und Verlage völlig ausgeschlossen seien, und tragen so bei aller Journalismuskritik im Detail gewollt oder ungewollt dazu bei, die Position der Leitmedien im Wahrheitsregime der Gegenwart zu verteidigen.

Aus Sicht der Macht ist das nötiger als je zuvor. 38,5 Prozent der Schweizer, sagt eine Studie der Universität Zürich, verweigern sich den Nachrichtenmedien. Die Schweiz ist nicht Deutschland oder Österreich, aber die Zahlen dürften hier nicht viel anders sein. 38,5 Prozent. 2009 lag dieser Wert noch bei 21 Prozent.[54] Der Schwund betrifft keineswegs nur journalistische Formate. An einem normalen Sonntagabend schauen heute (2023) um

51 Der Verfassungsauftrag der Presse, Publizistik 1960, S. 197–201.

52 Siehe Nils Melzer: Der Fall Julian Assange, München 2021.

53 Frankfurt am Main 2022.

54 Forschungszentrum Öffentlichkeit und Gesellschaft: Jahrbuch Qualität der Medien 22, Zürich 2023, S. 19.

20.15 Uhr fünfeinhalb Millionen weniger Deutsche fern als 2018.[55] Diese Menschen liegen keineswegs im Bett und spielen vermutlich auch nicht Karten. Sie sind im Netz, oft sogar mit zwei Geräten gleichzeitig. Cancel Culture beginnt genau hier. In den Kapiteln 3 (Propaganda) und 5 (Zensur) zeige ich, was alles unternommen wird, um die Leitmedienversion der Wirklichkeit zu stützen und jede zweite, dritte, vierte ›Wahrheit‹ zu entwerten oder unsichtbar zu machen.

In der analogen Welt war das ziemlich einfach. Wer nicht in den Leitmedien vorkam, der existierte nicht. Die Wissenschaft hat diese Welt im Arenamodell festgehalten, entwickelt 1990 unter dem Eindruck des Umbruchs in Osteuropa. In diesem Modell sitzen wir auf der Tribüne und beobachten, was die wenigen Auserwählten unten auf dem Rasen so tun – die, die von allen gesehen werden können. Wir reden darüber mit den Leuten, die zufällig neben uns sitzen oder die wir auf dem Heimweg treffen, und verabreden uns vielleicht sogar zu Versammlungen oder Demonstrationen, wenn uns etwas nicht passt. Ob das aber allgemeine Aufmerksamkeit erreicht, entscheiden die großen Redaktionen.[56] Wenn sie nicht berichten, hat es weder unsere Spontankundgebung gegeben noch diesen Vortrag oder jenen Protest – jedenfalls nicht für die, die etwas zu entscheiden haben und sich dabei an den Leitmedien orientieren, weil sie unterstellen, dass alle wissen, was dort gemeldet worden ist (und was nicht) und welche Moral dabei mitgeliefert wurde. Leitmedien produzieren das »Gedächtnis« der Gesellschaft – das »Hintergrundwissen«, auf das wir bei jeder Begegnung zurückgreifen können,[57] immer noch, trotz einer Ver-

55 dpa-Meldung, 14.1.2024.

56 Jürgen Gerhards, Friedhelm Neidhardt: Strukturen und Funktionen moderner Öffentlichkeit, Berlin 1990.

57 Niklas Luhmann: Die Realität der Massenmedien, Opladen 1996, S. 121.

 weigerungsrate von 38,5 Prozent und obwohl Telegram, YouTube, Instagram oder TikTok omnipräsent zu sein scheinen. Selbst dort wird das vorausgesetzt, was *Tagesschau* und Co. erzählen.

Paul Schreyer war nach 9/11 in einer Minderheit. Es gab das Internet, ja, und es gab diese Artikelserie von Mathias Bröckers, die beim Verlag Zweitausendeins sogar zum Bestseller wurde[58] und einige wohlwollende Rezensionen in der Presse bekam, die Mehrheit der Journalisten aber stempelte Zweifler schnell »als Verrückte, paranoide Amerika-Hasser und Antisemiten« ab.[59] Das entsprechende Signal kam aus dem Zentrum des Wahrheitsregimes, von Ulrich Wickert, damals Mister *Tagesthemen* und kurz auf Abwege geraten, als er in einer kleinen Zeitschrift schrieb, dass die Anschläge von New York und Washington nicht auf westliche Werte zielen, sondern auf unsere Überheblichkeit und unseren Materialismus, und außerdem meinte, dass der zweite Bush die gleichen Denkstrukturen habe wie Osama Bin Laden. Das rief selbst Angela Merkel auf den Plan, seinerzeit CDU-Vorsitzende und offenkundig nicht sonderlich besorgt um die Autonomie des öffentlich-rechtlichen Rundfunks. Wickert sei als Nachrichtenmoderator absolut nicht mehr tragbar. Er hat sich entschuldigt, in den *Tagesthemen*, auf der denkbar größten Bühne. Das Signal ist beim kleinsten Redakteur angekommen.[60] Ein Kritiker wie Andreas von Bülow,[61] einst immerhin Staatssekretär im Verteidigungsministerium, Bilderberg-Gast und Minister unter Helmut Schmidt, durfte zwar 2003 bei *Maischberger* auftreten, wurde von der Moderatorin aber als Idiot hingestellt. Quellen aus dem Internet. Igittigitt.

58 Verschwörungen, Verschwörungstheorien und die Geheimnisse des 11.9., Frankfurt am Main 2002.

59 Karin Beindorff, Deutschlandfunk, 22.9.2003.

60 Siehe Zivilgesellschaft? Sezession Nr. 116, S. 44–47.

61 Die CIA und der 11. September, München 2003.

Wikipedia sagt heute, dass dieser Andreas von Bülow »Verschwörungstheorien« verbreitet. Ein Lexikon, das dem widersprechen könnte, gibt es nicht mehr. ›Die freie Enzyklopädie‹ (Selbstbeschreibung) hat alle Konkurrenten verdrängt und ist so im Wahrheitsregime der Gegenwart zu einem Anker geworden, der ein eigenes Buch verdient.[62] Hier nur so viel: Leitmedien gelten bei Wikipedia als glaubwürdige Quelle. Wer einen Menschen, eine Perspektive oder eine Sache diffamieren möchte, muss nur einen Journalisten entsprechend motivieren und in der Welt der Wikipedianer einigermaßen vernetzt sein. Wenn dann jemand wie Andreas von Bülow ein neues Buch schreibt[63] oder irgendwo einen Vortrag hält, dann kämpft er nicht nur gegen das herrschende Narrativ, sondern auch gegen die Lexikon-›Wahrheit‹ über sein Leben und sein Werk.

Die letzte Brockhaus-Ausgabe war 2006 fertig. Dreißig Bände ›Wahrheit‹, gedruckt für die Ewigkeit, auf jeden Fall aber nicht von heute auf morgen umzuschreiben. Ein Jahr später kam das erste iPhone. 2012 hatten schon 36 Prozent der Deutschen ein Smartphone und 2017 über 80 Prozent. Ein Gerät in Hosen- oder Handtasche, das zwar alles aufzeichnet, was man tut, aber zugleich erlaubt, sich über Plattformen wie Xing (Start 2003), Facebook und Vimeo (2004), YouTube (2005), Twitter (2006), WhatsApp (2009), Instagram (2010) oder Telegram (2013) mit anderen zu vernetzen und so die Grenzen zu sprengen, die der Journalismus der Leitmedien im alten Wahrheitsregime problemlos ziehen konnte. Das Kneipengespräch, die Zufallsbekanntschaft im Bus, der Unmut über irgendetwas (und sei es ein kalter Espresso): All das war plötzlich

62 Siehe Andreas Mäckler (Hrsg.): Schwarzbuch Wikipedia und Schwarzbuch Wikipedia II, Höhr-Grenzhausen 2020 und 2023.

63 Die deutschen Katastrophen 1914 bis 1918 und 1933 bis 1945 im Großen Spiel der Mächte, Rottenburg 2015.

zumindest theoretisch von einer Sekunde auf die andere buchstäblich von jedem zu sehen und damit eine Bedrohung für die, die bisher auch die ›Wahrheit‹ unter Kontrolle hatten.

Lösung Nummer eins haben die Erfinder in die Plattformen eingeschrieben. Der Code der digitalen Welt heißt eins und null. Dafür oder dagegen und nichts dazwischen. Die genannten Kanäle sehen jedes Thema durch die Brille der Moral. Es geht immer um mich, um die Gruppe, zu der ich gehören will, oder um die, die ich aus vollem Herzen ablehne. Nichts löst stärkere Emotionen aus, nichts bringt andere schneller zum Teilen, Liken, Kommentieren. Auf einen Begriff gebracht: Es geht um Teamsport. »Das Spiel heißt: WIR gegen DIE.«[64] Teile und herrsche. Wenn es genug Mannschaften gibt, die sich bekämpfen, werden sich die Menschen nicht verbrüdern.

Über Lösung Nummer zwei habe ich einen Aufsatz geschrieben, der das im Titel gut auf den Punkt bringt: »Die Unterwerfung der Universitäten«.[65] Die Stichworte heißen hier Bologna, Shanghai-Ranking, H-Index[66] und Politisierung der Forschung via Drittmittel. Man könnte PISA ergänzen, die Schulen, Kinderbücher, Videospiele und Streaming sowie überhaupt alles, was getan wurde und wird, um die Jugend davon abzuhalten, Urteilskraft zu entwickeln oder wenigstens einen Blick über das eigene Display hinaus zu wagen. Dieses Buch beschäftigt sich mit Lösung Nummer drei. Cancel Culture zielt auf Personen und auf die Öffentlichkeiten unterhalb der Leitmedienebene – auf alles, was bis in die 1990er Jahre am Gatekeeper Journalismus vorbeimusste, um in die Arena zu kommen und so buchstäblich von jedem gesehen werden zu können. Sachbücher, Lesungen, Konzerte, Demonstrationen.

64 Richard David Precht, Harald Welzer: Die vierte Gewalt, München 2022, S. 110.
65 Tumult, Herbst 2022, S. 26–29.
66 Siehe Jesper Larsson Treff: Wissenschaftliche Sozialkredit-Systeme, tkp, 6.1.2024.

Cancel Culture zielt auf alles, was die hegemonialen Narrative herausfordert und trotzdem durch die Fangnetze der Digitalzensur flutscht – weil es nicht im Internet spielt oder zu klein ist für die großen Dogmen. Cancel Culture reinigt das Gedächtnis der Gesellschaft im Sinne der Macht. Damit das funktionieren kann, hat der Digitalkonzernstaat die Propaganda ausgebaut (Geld und vor allem Personal, Kapitel 3), den Journalismus umgekrempelt (Kapitel 4) und einen Zensurapparat installiert, der hinter Begriffen wie »Hasskriminalität«, »Fake News« oder »Verschwörungstheorien« versteckt[67] und neuerdings von der EU sogar als Instrument der Medienfreiheit verkauft wird (Kapitel 5).

67 Siehe Hannes Hofbauer: Zensur, Wien 2022.

3. Propaganda

In diesem Kapitel wird gezeigt, was staatliche Stellen unternehmen, um die Öffentlichkeit für sich zu gewinnen. Dafür gibt es drei Möglichkeiten. Eine Regierung kann erstens Personal bezahlen (sowie mit Ressourcen ausstatten und vielleicht schon ausbilden), das die Redaktionen mit dem füttert, wonach sie ohnehin suchen – mit exklusiven Informationen und Bildern, mit Gesprächspartnern und mit Material, aus dem sich Nachrichten machen lassen (zum Beispiel: mit wissenschaftlichen Studien oder mit Livezugängen bei Polizeieinsätzen).[68] Dieses Personal sitzt auch am Abzug, wenn das nötig wird, was die US-Journalismuskritiker Edward Herman und Noam Chomsky ganz deutsch »Flak« genannt haben – Sperrfeuer, das alles unter Beschuss nimmt, was ihren Arbeitgebern in die Quere kommen könnte[69] und so zum Treiber der Cancel Culture wird.

Zweitens kann diese Regierung die eigene Arbeit so verändern, dass eine ›gute Presse‹ wahrscheinlicher wird – über die Rekrutierung von medientauglichen Spitzenleuten, über die Events und Anlässe, von denen schon Edward Bernays gesprochen hat[70] (ein eher harmloses Beispiel: das zentrale Fest zum Tag der Deutschen Einheit, das jedes Jahr in einer anderen Landeshauptstadt ausgetragen wird und zuverlässig Berichterstattung produziert), sowie (weniger harmlos) über eine Priorisierung, die das öffentliche Image über alles andere und im Zweifel

68 Siehe Maria Karidi: Medienlogik im Wandel, Wiesbaden 2017.

69 Edward S. Herman, Noam Chomsky: Manufacturing Consent, New York 2000, S. 18.

70 Propaganda, Berlin 2018, S. 31. – Siehe Kapitel 1.

sogar über Recht und Gesetz stellt.[71] Drittens kann jede Regierung mit Geld nachhelfen – mit direkten Subventionen, die in Österreich immer wieder für einen Skandal gut sind und in der Schweiz bei einem Referendum im Februar 2022 trotzdem fast eingeführt worden wären, oder mit indirekten Zuwendungen (Werbung, Steuererleichterungen, Mitfahrgelegenheiten).

Die Bundesregierung reizt alle genannten Möglichkeiten bis zum Anschlag aus. Sie bezahlt ein ganzes Heer an Propagandaleuten, schafft oder formt mithilfe dieser Menschen Ereignisse, die einzig und allein dem »Zweck« dienen, »die Haltung der Öffentlichkeit« zu beeinflussen,[72] und pumpt Geld in Verlage, Medienhäuser und Rundfunkanstalten. Punkt eins allein würde ein ganzes Buch tragen – auch weil er sich schlecht von Punkt zwei trennen lässt. Wenn Ressourcen in Richtung Öffentlichkeitsarbeit (in staatlichen Behörden ein Euphemismus für Propaganda) umgeschichtet werden, wird die Performanz einer Organisation zwangsläufig medientauglicher – höchstwahrscheinlich zulasten der Aufgaben, für die Ministerien ursprünglich geschaffen worden sind.

Paradebeispiel für diese Prioritätensetzung ist das Presse- und Informationsamt der Bundesregierung mit rund 500 Planstellen und drei einstigen Topjournalisten in den Sprecherpositionen. Steffen Hebestreit war für DuMont (unter anderem: *Frankfurter Rundschau*) in Berlin und dort im Vorstand der Bundespressekonferenz, bevor er 2014 zur SPD ging und dort vor allem Olaf Scholz diente. Im Lebenslauf von Wolfgang Büchner (FDP-Ticket) und Christiane Hoffmann (Grüne) steht unter anderem

71 Siehe Kjersti Thorbjørnsrud, Tine Ustad Figenschou, Øyvind Ihlen: Mediatization in Public Bureaucracies, Communications 2014, Nr. 1, S. 3–22. – Die Forscher haben zwei Monate im Justizministerium und in der Einwanderungsdirektion mitgearbeitet und gezeigt, dass sich in beiden Häusern alles um die Performance in den norwegischen Leitmedien dreht – vom Arbeitsrhythmus über die Sprache bis hin zu konkreten Entscheidungen.

72 Edward Bernays: Propaganda, Berlin 2018, S. 31.

 Der Spiegel. Büchner war nicht nur dort Chefredakteur, sondern auch bei der Nachrichtenagentur dpa und beim Redaktionsnetzwerk Deutschland (RND), das von Hannover aus etliche Zeitungen im Land versorgt. Aus Regierungssicht machen diese Personalien Sinn. Hebestreit, Büchner und Hoffmann haben das geschafft, was viele Journalisten wollen – in der Redaktionshierarchie aufsteigen, nah an den Entscheidern sein, wahrgenommen werden. Wenn so ein erfolgreicher Ex-Kollege anruft, Gesetze erklärt, die Minister verteidigt, dann gibt es einen Vertrauensvorschuss, von den persönlichen Kontakten in die Chefetagen der Medienhäuser ganz zu schweigen. Angela Merkel hat 2010 aus dem gleichen Kalkül Steffen Seibert zu ihrem Sprecher gemacht und sich dabei zugleich noch ein Fernsehgesicht gekauft (*heute*, *heute-journal*). Zu Seiberts Stellvertreterinnen gehörten unter anderem Christiane Wirtz, vorher Ressortleiterin beim *Deutschlandfunk*, Martina Fietz (*Welt*, *Bunte*, *Focus*) und Ulrike Demmer (ZDF, *Spiegel*, RND), heute Intendantin des RBB.

Das Presse- und Informationsamt kostet den Steuerzahler im Moment 117 Millionen Euro pro Jahr[73] – ein Apparat, der nichts weiter zu tun hat, als die Arbeit der Bundesregierung in ein gutes Licht zu rücken. Diese Behörde, angesiedelt im Kanzleramt und so ganz offensichtlich ein Machtinstrument des Regierungschefs, war zwar von Anfang an Debattenthema,[74] aber weder Konrad Adenauer noch seine Nachfolger haben sich hier von öffentlicher Kritik beirren lassen und so zumindest indirekt auch die Aufrüstung von Parallelressorts gefördert. Das Auswärtige Amt zum Beispiel leistet sich inzwischen neben einem Pressereferat mit »33 Experten« einen

73 Josef Kraus: Für Propagandazwecke, Tichys Einblick, 4.1.2024.

74 Siehe Martin Morcinek: Das Bundespresseamt im Wandel, Jahrbuch für Kommunikationsgeschichte 2004, S. 195–223.

Beauftragten für strategische Kommunikation (Anfang 2024: Peter Ptassek, vorher Botschafter in Kolumbien), dem »rund 40 Mitarbeiter« helfen, die Ministerin und ihr Tun vor übler Nachrede zu beschützen und im Fall der Fälle mit eigenen Geschichten zu kontern.[75] Entsprechungen gibt es in jedem Ministerium, in jeder nachgeordneten Behörde vom Bundeskriminalamt über das Bundesamt für Verfassungsschutz bis zum RKI, in jeder Parteizentrale, bei jeder Landesregierung und bei jedem Politiker, der sich in der Nähe des Machtzentrums bewegt. Der Wechsel aus den Redaktionen in die Behörden und Stäbe, für den die Namen Seibert und Demmer, Hebestreit, Hoffmann oder Büchner stehen, hat dabei Methode. Die Politik kauft sich auf diese Weise Know-how und Wohlwollen, das sich nicht nur aus der Reputation der alten Kollegen speist, sondern auch mit der Aussicht zu tun hat, eines Tages selbst auf die andere Seite gerufen zu werden. In Rheinland-Pfalz wechselten im September 2021 auf einen Schlag gleich drei Landtagskorrespondenten der Regionalzeitungen als Sprecher in Ministerien[76] – in einen 9-to-5-Job mit freiem Wochenende, Beamtenbesoldung und Pensionsansprüchen.

Die Abteilungen oder Menschen, die im Namen oder in der Berufsbezeichnung Begriffe wie Öffentlichkeit, Presse, Medien oder Marketing tragen, sind dabei nur der offensichtliche Teil des Propagandaapparats. Dies gilt auch für die über 500 Accounts, die die Bundesregierung auf den Digitalplattformen betreibt, für tausend Webseiten und ungezählte Imagefilme, Broschüren und Auftritte. Der Bund der Steuerzahler spricht in seinem Schwarzbuch »Die öffentliche Verschwendung 2023/24« von einem »riskanten Wildwuchs« und kritisiert »die hybride Struktur

75 Albrecht Meier, Hans Monath: Mit welchen Strategien westliche Demokratien russische Fake News bekämpfen, Handelsblatt, 23.11.2022.

76 Gianna Niewel: Regionalzeitungen unter Druck, Süddeutsche Zeitung, 7.9.2021.

der Öffentlichkeitsarbeit«, die es schwer macht, das ganze Ausmaß zu erfassen. Die Eckdaten in diesem Schwarzbuch: 150 Ausgabentitel, verteilt »über die gesamten Einzelpläne der Ministerien« und »teilweise sehr versteckt«, 2023 insgesamt rund 320 Millionen Euro. Folgt man dieser Darstellung, dann soll allein die Energiewendekampagne bis 2025 mehr als 80 Millionen Euro kosten.[77] Der geneigte Leser erinnert sich: schneller duschen, lieber den Waschlappen nehmen und die Nachtabsenkung nicht vergessen. Dieser Leser hat sich wahrscheinlich auch darüber aufgeregt, dass die Regierung 2022 anderthalb Millionen Euro für Visagisten (Stichwort: Baerbock) und Fotografen (Habeck) ausgegeben hat[78] und seit eh und je vor allem Journalisten aus dem öffentlich-rechtlichen Kosmos mit gut bezahlten Moderationsaufträgen ködert.[79]

All das sind allerdings Peanuts. Claudia Roth, in der Ampelregierung Staatsministerin für Kultur und Medien, verfügte 2023 über einen Etat von 2,39 Milliarden Euro – vier Prozent mehr als 2022. Neben Museen, die sich im Bundesbesitz befinden, Filmproduktionen sowie einem Kulturpass für 18-Jährige wurden aus diesem Topf vor allem Projekte und Programme auf Regierungslinie gefördert. Roths Behörde finanziert damit nicht nur Anlässe für die Berichterstattung, sondern auch Personal, das sich entsprechend äußern kann und will. Das gilt analog für die vielen Beauftragten, die haupt- oder ehrenamtlich auf ganz unterschiedlichen Verwaltungsebenen installiert worden sind (wahlweise zuständig für Ausländer, Integration, Diskriminierung, Rassismus, Frauen, Queer, Lesben, Schwule, Inklusion, Antisemitismus, Antiziganismus, Klima, Nachhaltigkeit), ihre Existenz durch Leitmedienpräsenz rechtfertigen müssen und so in Unternehmen oder Kultur und

77 Siehe Josef Kraus: Für Propagandazwecke, Tichys Einblick, 4.1.2024.

78 Ebenda.

79 Sebastian Köhler: Zahlt es sich aus? Telepolis, 8.3.2023.

Bildung Imitationen nach sich ziehen. Um das Prinzip mit einem Beispiel zu illustrieren: Felix Klein, Antisemitismusbeauftragter der Bundesregierung, regte im Juni 2023 an, die Rammsteinkonzerte im Berliner Olympiastadion abzusagen, und wurde damit von nahezu allen großen Redaktionen zitiert (sicher auch, weil sich Klein an einem Sonntag äußerte, immer ein nachrichtenarmer Tag): »Antidemokratische Diskriminierungen wie Antisemitismus, Frauenverachtung und Rassismus gehen oftmals Hand in Hand. Wir sollten die betroffenen Frauen ernst nehmen, genauso wie wir Jüdinnen und Juden ernst nehmen sollten, wenn es um Antisemitismus geht.« Ich will hier gar nicht auf empirische Basis oder Empörungspotenzial hinaus. Der Punkt ist: Mit Felix Klein und seinem Amt (13 Planstellen, Etat: eine Million Euro) stehen Menschen bereit, die jedes Streitthema moralisch aufladen und so im Regierungssinn vorentscheiden können.

Mit der Beauftragtenarmee ist ein Arbeitsmarkt entstanden, der einen Teil der akademischen Überproduktion auffangen und für den anderen Teil so verlockend sein kann, dass es sich lohnt, an die offiziellen Narrative anzudocken. Die Hochschulquote ist inzwischen auf über 50 Prozent gestiegen. Das heißt: Jeder Zweite studiert. 1960 lag dieser Wert im Westen bei sechs (!) Prozent und noch Mitte der 1980er bei nicht einmal 20. Ich habe keine Zahlen gefunden zu Spitzenpositionen, vermute aber, dass sich die Vermehrung hier in Grenzen hält. Die vielen Stellen, mit denen der Parteienstaat eine Absolventenflut eindämmen will, die er selbst geschaffen hat, sind oft befristet und auch deshalb an ein makelloses Digitalprofil gekoppelt.

Ähnliche Signale sendet der NGO-Eisberg mit Organisationen wie dem Zentrum Liberale Moderne oder der Amadeu Antonio Stiftung an der Spitze, die die Regierungsnarrative mit Flak unterstützen – hier ganz offen als »Gegneranalyse« oder »Narrativ-Check« bzw. getarnt als Kampf gegen »Hate Speech« und »Fake News«,

Rechtsextremismus und Antisemitismus. Das Zentrum Liberale Moderne, 2017 gegründet von den Grünen-Politikern Ralf Fücks und Marieluise Beck, hat von 2018 bis 2022 knapp 4,5 Millionen Euro für insgesamt 24 Projekte bekommen.[80] Kleine Schwestern und Brüder gibt es in jedem Bundesland und für nahezu jedes Thema. Das Kürzel NGO (Non-Governmental Organisation) ist dabei eine Tarnkappe, da der Staat oft wichtigster Geldgeber ist und ›Nichtregierungsorganisationen‹ überall da vorschickt, wo es Probleme geben könnte, wenn deutsche Beamte ganz offiziell mitmischen. Das Bundesprogramm »Demokratie Leben!«, eine der Dachinitiativen für entsprechende Ausgaben (angesiedelt im Bundesfamilienministerium), kostete den Steuerzahler 2023 gut 182 Millionen Euro, 16,5 Millionen Euro mehr als 2022 und 31,5 Millionen Euro mehr als 2021. »Maßnahmen zur Stärkung von Vielfalt, Toleranz und Demokratie« waren in diesem Ministerium 2023 insgesamt 200 Millionen Euro gewidmet. Aus dem Etat des Presse- und Informationsamts der Bundesregierung geht Geld an die Deutsche Atlantische Gesellschaft (2023: 700.000 Euro), die Gesellschaft für Sicherheitspolitik (600.000 Euro), das Zentrum Liberale Moderne, das Aspen Institute, die Europa-Union sowie das Progressive Zentrum (je 500.000 Euro).

Bei Sheldon Wolin kann man nachlesen, wie es möglich ist, auch Wissenschaftler und Intellektuelle »nahtlos in das System« zu integrieren und Widerworte zu verhindern, ohne Kritiker »schikanieren« oder »diskreditieren« zu müssen. Auflösung bei Wolin: durch »eine Kombination aus staatlichen Aufträgen, Unternehmens- und Stiftungsgeldern, gemeinsamen Projekten von Universitäts- und Unternehmensforschern sowie

80 Frank Lübberding: Wenn der Aktivismus zur Bekämpfung politischer Gegner staatlich subventioniert wird, Die Welt, 24.11.2022.

wohlhabenden Einzelspendern«.[81] Peter Brenner, ein Literaturwissenschaftler, hat diesen Punkt für Deutschland ausbuchstabiert und eine lange Liste mit »Instituten für Demokratie- und Rechtsextremismusforschung« zusammengestellt, die der »Regierungsmacht« auf Steuerzahlerkosten im Kampf um »Diskurshegemonie« zur Seite stehen.[82] Der Bund hat seine jährlichen Ausgaben für ›Forschung und Entwicklung‹ von 2005 bis 2020 auf mehr als 20 Milliarden Euro verdoppelt und ist vor allem für die Geistes- und Sozialwissenschaften der wichtigste Geldgeber – für Disziplinen, die die Denkmuster formen, mit denen eine Gesellschaft ihre Wirklichkeit beschreiben und begreifen kann[83] und die so auch zum Taktgeber der Cancel-Culture-Mechanik werden.

Für die Universitäten hat die Geldschwemme Folgen, die über die Umdeutung von Begriffen, Sprachregeln wie das Gendern und die Priorisierung von gesellschaftlichen Problemen hinausgehen. Auch ohne Einblicke in das Innenleben von Universitäten dürfte klar sein, dass sich Heerscharen von Wissenschaftlern auf die Fragen, Theorien und Methoden stürzen, denen die »Koalition« aus Großunternehmen und Staat (Sheldon Wolin) via EU-Kommission oder BMBF[84] ihre Töpfe widmet. Ein paar kommen zum Zug und viele andere machen auch ohne Förderung weiter, damit die Investition nicht ganz umsonst war. Wer Geld gewinnt, braucht Erfolgsnachweise – Publikationen in Fachzeitschriften und (entweder über diesen Umweg oder Interviews) Präsenz in den Leitmedien. Über diese Kanäle schwappen die Konzepte der Sponsoren in Seminare, Lehrbücher und Köpfe.[85]

81 Sheldon S. Wolin: Umgekehrter Totalitarismus, Frankfurt am Main 2022, S. 147.
82 »Kampf gegen rechts« – eine neue Wissenschaft, Tumult, Sommer 2022, S. 20–25.
83 Siehe Christian Kreiß: Gekaufte Wissenschaft, Hamburg 2020 und Michael Meyen: Wie ich meine Uni verlor, Berlin 2023, S. 114.
84 Bundesministerium für Bildung und Forschung.
85 Siehe Michael Meyen: Wie ich meine Uni verlor, Berlin 2023, Kapitel 4 bis 6.

Die Umleitung von Steuergeldern in Medienunternehmen war in Westdeutschland (anders als in Österreich) nach 1945 tabu. Subventionen sind Gift für die Erzählung von der ›vierten Gewalt‹ und für eine Berufsideologie, die dem Journalismus attestiert, über den Parteien zu stehen und Objektivität auch dann noch wenigstens anzustreben, wenn die Erkenntnistheorie längst sicher ist, dass in jeder Aussage über die Wirklichkeit ein Mensch steckt und damit der Teufel Subjektivität. Wer zahlt, schafft an: Der Volksmund weiß, was Geldspritzen anrichten. In der DDR war deshalb jedem klar, was er in den Leitmedien findet. Radio und Fernsehen gehörten dem Staat und die Zeitungen entweder der SED oder Organisationen, die von der führenden Partei gelenkt werden konnten. Die Nachrichten sagten folglich, wie die Wirklichkeit an der Spitze des Landes gesehen wurde.[86]

Die Bundesrepublik macht es den Menschen nicht ganz so leicht. Sie erzählt, dass der öffentlich-rechtliche Rundfunk allen gehört, obwohl allein die Politik entscheidet, wie hoch der Beitrag ist, über Rundfunk- und Fernsehräte das Spitzenpersonal bestimmt und so jene kontrolliert, die eigentlich ihre Gegenspieler sein sollten. Außerdem leistet sich dieses Land einen eigenen Sender. Kostenpunkt: über 400 Millionen Euro im Jahr. Caitlin Johnstone, eine australische Journalistin, sagt, es sei die »inoffizielle Aufgabe« von Programmen wie der *Deutschen Welle*, »den Menschen den Eindruck zu vermitteln, dass sie die einzigen Institutionen sind«, die Staatspropaganda verbreiten.[87] Beim Kino läuft das alles ganz offen. In Deutschland kommt so gut wie kein Film ohne Steuergelder auf die Leinwand. Kostenpunkt im Moment: eine halbe Milliarde Euro im Jahr.[88] Was wir hier

86 Siehe Anke Fiedler: Medienlenkung in der DDR, Köln 2014.

87 Caitlin Johnstone: Kleines Erste-Hilfe-Büchlein gegen Propaganda, Frankfurt am Main 2023, S. 66.

88 Siehe Thomas Wiedemann: Deutscher Kinospielfilm, München 2024.

und dann später in der politischen Bildung, im TV oder auf DVD sehen dürfen, wird von politisch dominierten Gremien entschieden. In der Journalistenausbildung sind die Summen nicht ganz so groß, aber auch dort sorgt der Staat via Geldfluss für Konformität.[89] Die Zeitungsverlage bekommen außerdem indirekte Zuwendungen über den Mehrwertsteuersatz (sieben Prozent), günstige Posttarife, Behördenabos und Werbung.

Corona hat den Schleier etwas gelüftet. Die Regierungskampagne hat den Steuerzahler 2021 allein im Bereich Printanzeigen gut 64 Millionen Euro gekostet,[90] wobei all die Sonderbeilagen noch gar nicht mitgerechnet sind, in denen regionale und lokale Unternehmen zusammen mit den jeweiligen Behörden für Gehorsam getrommelt haben, manchmal aus Überzeugung, manchmal aber sicher auch einfach, um den Zugriff auf die Fördertöpfe nicht zu verlieren, die den Parteienstaat[91] für viele längst zum wichtigsten Kunden machen. Jenseits der Werbung, die jeder sehen konnte, gab es »Corona-Hilfen« für alles Mögliche – für Kurzarbeitergeld oder Sozialversicherungsbeiträge zum Beispiel. Madsack etwa, ein »kerngesundes Unternehmen«, sackte 2020 und 2021 auf diesem Weg 14,4 Millionen Euro aus dem Staatshaushalt ein.[92]

Etwas allgemeiner: Die Einbrüche auf dem Werbemarkt und die Allgegenwart von Hilfs- und Rettungsfonds haben es der Medienbranche 2020 erlaubt, das Thema staatliche Unterstützung zu forcieren. Unter dem Deckmantel »digitale Transformation« wurden im Sommer 220 Millionen Euro in den Nachtragshaushalt des Bundes aufgenommen,

89 Siehe Michael Meyen, Manuel Wendelin (Hrsg.): Journalistenausbildung, Empirie und Auftragsforschung, Köln 2008.

90 Fernsehen und Radio bekamen im gleichen Zeitraum zusammen 28 Millionen Euro. – Siehe Volker Thoms: 295 Millionen Euro für Corona-Kommunikation, Kom – Magazin für Kommunikation, 11.1.2022.

91 Siehe Mathew D. Rose: Korrupt? München 2011.

92 Madsack: Wie Coronahilfen das Ergebnis beflügelten, kress, 31.5.2023.

 die größtenteils noch 2021 ausgezahlt werden sollten, gekoppelt an die Auflage. Je größer die Zeitung, desto mehr Geld. Dieser Plan ist zwar Ende April 2021 »wegen verfassungsrechtlicher Bedenken« gestorben, das wichtigste Gegenargument war aber nicht Staatsferne, sondern Wettbewerbsverzerrung. Die Online-Plattform *Krautreporter* hatte mit Gericht gedroht, wenn nur Printverlage gefördert werden. Die Verlegerverbände reagierten »geschockt«, sprachen von einer »mittleren Katastrophe«[93] und konzentrieren ihre Lobbyarbeit unter dem Stichwort lokale Vielfalt inzwischen auf die Zustellförderung.

Glaubt man *Tichys Einblick*, dann geht es bei diesem Thema um 630 Millionen Euro pro Jahr.[94] Bei der Einführung des Mindestlohns hatten die Medienkonzerne eine Ausnahme für ihre Zusteller durchgesetzt. Diese Sonderregel ist Anfang 2018 ausgelaufen. Man könnte den Wunsch nach Subventionen also als Ruf nach Belohnung deuten. Wir, die Verleger, haben eure Politik nicht torpediert und wollen jetzt etwas dafür. SPD, Grüne und FDP versprachen Ende 2021 in ihrem Koalitionsvertrag folgerichtig, die »flächendeckende Versorgung mit periodischen Presseerzeugnissen« zu unterstützen.[95] Lars Klingbeil (SPD) und Ricarda Lang (Grüne) bekräftigten das noch einmal bei der Jahrestagung des Bundesverbands Digitalpublisher und Zeitungsverleger im September 2023 (»Es geht uns darum, Demokratie zu stärken«; »Wir müssen die Feinde der Demokratie argumentativ stellen«) und wurden dabei von CDU-Chef Friedrich Merz unterstützt.[96] Die Ampel setzte dann zwar nach dem Schuldenbremse-Urteil des Bundesverfassungsgerichts beim Haushalt 2024 andere Prioritäten, es steht

93 Michael Meyen: Die Propaganda-Matrix, München 2021, S. 166f.
94 Mario Thurnes: Steigt der Staat im November in die Tageszeitungen ein? 24.10.2023.
95 S. 99.
96 Meedia, 26.9.2023.

aber außer Zweifel, dass das Tabu fällt und Steuergelder an Verlegerfamilien gehen werden, die in der Geschichte der Bundesrepublik allem Krisengerede zum Trotz immer reicher geworden sind und auch heute Renditen im hohen einstelligen oder niedrigen zweistelligen Bereich einfahren.[97] Keine Leistung ohne Gegenleistung. Anders formuliert: Die staatliche Propagandamaschine kann auf die großen Medienhäuser bauen.

Die Kampagne #Zusammenland, gestartet am 15. Februar 2024, zeigt das wie in einem Brennglas. Die Konstellation dürfte in die Geschichtsbücher eingehen, wenn der »umgekehrte Totalitarismus« eines Tages aufgearbeitet wird: Fünf Leitmedien (*Süddeutsche Zeitung*, *Tagesspiegel*, *Handelsblatt*, *Die Zeit*, *Wirtschaftswoche*), ein Werbekonzern, der vor allem von Steuergeldern lebt und über Plakatwände sowie die Portale *T-Online* und *Watson* große Teile der Bevölkerung erreicht (Ströer), und 500 Unternehmen flankieren den »Kampf gegen rechts«, den die Regierung im Januar 2024 ausgerufen hat, um ihre Position zu sichern.

97 Siehe Michael Meyen: Klare Fronten, Multipolar, 17.11.2023.

4. Journalismus: Komplizen statt Kritiker

In den Redaktionen stoßen die Botschaften des politischen Apparats aus zwei Gründen auf wenig Gegenwehr. Zum einen, das sei hier wiederholt, haben die wichtigsten Medienhäuser in Deutschland Konzerngröße und sind so selbst Teil der »Koalition zwischen den Unternehmen und dem Staat«, die bei Sheldon Wolin den »umgekehrten Totalitarismus« ausmacht.[98] Die deutsche Presselandschaft ist von Monopolen und Konzentration geprägt sowie von einigen wenigen Verlagen (oft in Familienbesitz), die nicht nur alle anderen Kanäle bespielen und auch sonst über das Kerngeschäft hinauswachsen,[99] sondern ihre redaktionellen Dienste zum Teil auch an die ›Konkurrenz‹ verkaufen wie das Redaktionsnetzwerk Deutschland von Madsack, das mehr als 60 Regionalblätter in sieben Bundesländern beliefert.[100] Der öffentlich-rechtliche Rundfunk ist hier kein Gegenargument. Mit einem Beitragsaufkommen von knapp neun Milliarden Euro im Jahr gehören ARD und ZDF zu den größten Medienunternehmen der Welt[101] – Konzerne, die handeln müssen wie Konzerne und außerdem in nahezu jeder Hinsicht eng mit Politik und Staat verknüpft sind.[102]

98 Sheldon S. Wolin: Umgekehrter Totalitarismus, Frankfurt am Main 2022, S. 221. – Siehe Kapitel 1.

99 Hermann Conen zeigt am Beispiel des *Kölner Stadt-Anzeigers*, dass Medienkonzerne wie DuMont längst »Machtkomplexe« sind, »die realitätsbestimmend werden«, weil sie in jeden Bereich der Wirklichkeit hineinragen – von der Lokalpolitik und Expertenpools über Kulturveranstaltungen bis hin zum Ticketverkauf. Wer nicht mit dieser Zeitung geht, findet in Köln nicht statt. – Ausverkauf, Norderstedt 2019, S. 93.

100 Siehe Horst Röper: Zeitungsmarkt 2022, Media Perspektiven 2022, S. 295–318.

101 Siehe Lutz Hachmeister, Christian Wagener, Till Wäscher: Wer beherrscht die Medien? Köln 2022.

102 Siehe Alexis von Mirbach: Medienträume, Köln 2023, S. 128–178, 250–272.

Zum anderen ist der Journalismus in Deutschland ein sozial homogenes Feld, das vom »Habitus der Mittelschicht« dominiert wird – »auf Anpassung ausgerichtet«, programmiert auf »die Akzeptanz der Herrschaftsverhältnisse«[103] und durch Herkunft, Ausbildungswege und Lebenssituation eng mit den Entscheidern in Staat, Parteien und Wirtschaft verbandelt. Man muss es sich heute leisten können, Tochter oder Sohn in diesen Beruf zu schicken. Der Weg in eine Position, von der man halbwegs leben kann, führt über nicht oder schlecht bezahlte Hospitanzen und Praktika und erfordert in der Regel einen Hochschulabschluss und oft ein Volontariat sowie Jahre der Ungewissheit als Freiberufler. Auch ohne Gebühren ist ein Studium teuer, vor allem dort, wo die großen Medienhäuser sind. Berlin, München, Frankfurt am Main, Hamburg, Köln. An der Deutschen Journalistenschule, wo die Elite des Berufs ausgebildet wird, muss man für einen Master zwei Jahre de facto komplett auf Nebenjobs verzichten (es wird Präsenz in jedem Sinn des Wortes verlangt) und trotzdem irgendwie leben. »Ein Wohnheim«, hat mir Henriette Löwisch gesagt, Leiterin der Schule, als ich sie 2019 nach ihren Wünschen gefragt habe. Und: »mehr Vielfalt in den Klassen«. Nach Ostdeutschen zum Beispiel muss man dort suchen. München können und wollen nicht alle Eltern ihren Kindern spendieren. ›Ostdeutsch‹ steht hier als Chiffre für die Vermögenslage und für Milieus, die eher von proletarischen Werten geprägt sind. Diese Milieus haben mit dem Schlüssel zu den Redaktionen auch den Zugang zur Leitmedienöffentlichkeit verloren und damit zu den Parteien. Was keine Nachricht wird, das existiert für Politiker nicht.

Mittelschichtskinder mit Unizeugnis, die in angesagten Großstadtbezirken leben und damit gar nicht so selten über

103 Marcus B. Klöckner: Sabotierte Wirklichkeit, Frankfurt am Main 2019, S. 33.

 ihre Verhältnisse und die schon qua Herkunft oft wenig Kontakte und Erfahrungen im ländlichen Raum und in Arbeitervierteln haben: Dieses Sozialprofil prägt nicht nur den Blick auf die Wirklichkeit, sondern auch den persönlichen Umgang. Politik, Wirtschaft und Kultur rekrutieren ihre Entscheider in den gleichen Milieus. Aus der Ähnlichkeit von sozialer Position und Habitus wird im Alltag nicht selten echte Nähe. Kontakt (Pressekonferenzen, Empfänge, Reisen) schafft Sympathie und damit oft auch mindestens Verständnis.[104] Der Leipziger Medienforscher Uwe Krüger hat für diese Wertegemeinschaft die Formel »Verantwortungsverschwörung« geprägt:[105] Journalisten wissen, was gut ist und was schlecht (so ziemlich das Gleiche, was ihre Alter Egos in anderen Bereichen gut oder schlecht finden), und glauben, dass sie Einfluss auf die Menschen haben. Also wird die Wirklichkeit »um die Teile« reduziert, »die nicht zur Haltung passen«, und das betont, was dem gewünschten Ziel zu helfen scheint[106] – manchmal mithilfe von Informationen, Anstößen und Material aus dem Propagandaapparat und manchmal ohne.

Der Siegeszug von Internet und Digitalplattformen (bei mir ein Synonym für den Begriff ›soziale Medien‹, der vortäuscht, es gehe dort um uns, unsere Bedürfnisse, unsere Liebsten) hat den Journalistenberuf umgekrempelt und dort den Boden für den Einzug der Cancel Culture bereitet. Der ökonomische Hintergrund in Kurzform: sinkende Auflagen, schon dadurch weniger Werbeeinnahmen, steigende Preise bei Papier, Energie, Vertrieb und dazu eine Konkurrenz, die Aufmerksamkeit bindet und jedem Verkäufer verspricht, den Kunden ohne Streuverlust genau dann anzusprechen, wenn er zum Geldausgeben bereit ist. Die offensichtlichste Folge: Stellenabbau. In den

104 Siehe Michael Meyen: Die Propaganda-Matrix. Berlin 2021, S. 176–198.
105 Uwe Krüger: Mainstream, München 2016, S. 105.
106 Birk Meinhardt: Wie ich meine Zeitung verlor, Berlin 2020, S. 87.

Lokalredaktionen ist die Zahl der Redakteure zwischen 2010 und 2020 von 13.573 auf 11.288 gesunken.[107] Geblieben sind die Seiten, die genau wie früher gefüllt und heute außerdem noch auf allen möglichen Kanälen gepostet werden müssen. Aus dem rasenden Reporter ist deshalb ein Stubenhocker geworden, der auf dem Bildschirm nach dem Leben sucht. Patrik Baab, ein Journalist von altem Schrot und Korn, lange für den NDR in Kiel und ganz nah dran bei etlichen Kriegen,[108] beklagt, dass seine Kollegen oft weder Zeit noch Geld für Recherchen haben und nicht mehr zu den Quellen gehen. Für viele sei inzwischen die Kantine »der direkteste Kontakt« zur Wirklichkeit.[109] Von hier ist es nicht mehr weit bis zu Claas Relotius, dem preisgekrönten *Spiegel*-Mann, der sich seine Reportagen ausdenken konnte, weil er wusste, worauf Redaktion und Establishment stehen.[110] Patrik Baab: »Offenbar ist schon klar, wie die Geschichte auszusehen hat, bevor die Vor-Ort-Recherche überhaupt beginnt.«[111]

Das führt zurück zur Ökonomie: Selbst viele Online-Abos und noch mehr Werbebanner reichen nicht, um im Netz das Gleiche zu verdienen wie früher. Die Medienhäuser haben ab den 2010er Jahren Paywalls hochgezogen und gleichzeitig die (schon immer löchrige) Grenze zur Redaktion endgültig geöffnet. Neu im Jobprofil: die Vermarktung der eigenen Person und vor allem der eigenen Produkte. Eine neue Generation enterte die Redaktionen, billiger als die alten Hasen, vertraut mit der digitalen Umwelt und im Verbund mit Twitter in der Lage, das Kommando zu übernehmen.[112] Auf den Digital-

107 Econ: Die Situation der lokalen Presse in Deutschland und ihre Herausforderungen im Zeitalter der Digitalisierung, Berlin 2022, S. 24.

108 Siehe Patrik Baab: Auf beiden Seiten der Front, Frankfurt am Main 2023.

109 Patrik Baab: Recherchieren, Frankfurt am Main 2022, S. 42.

110 Siehe Juan Moreno: Tausend Zeilen Lüge, Berlin 2019.

111 Patrik Baab: Recherchieren, Frankfurt am Main 2022, S. 160.

112 Siehe für die USA Batya Ungar-Sargon: Bad News, New York 2021.

 plattformen, auch das sei wiederholt, geht nichts über Publikumsbindung und Emotionen. Damit ein Artikel geteilt wird und möglichst viral geht (die ultimative Währung), braucht er einen Identitätsanker. Klare Kante. Wer je einen Account auf Facebook oder Instagram hatte, kennt das: Es geht immer um mich, um die Gruppe, zu der ich gehören will, oder um die, die ich aus vollem Herzen ablehne. Eins oder null und nichts dazwischen. Hier ist die Wurzel für einen Journalismus, der sich an »Sprache und Symbolik« aufhängt[113] und an irgendwelchen Zugehörigkeiten. Und: Hier treffen sich Medienunternehmer, die ihre Angestellten zur Markenpflege auffordern und damit zu Konsistenz, mit Redakteuren, die sich selbst verwirklichen und noch weiter aufsteigen wollen und deshalb zuerst fragen, wie die Sache wohl an der Spitze der Nahrungskette aussieht. Zur Klassenfrage wird das, wenn Stil, Themen und Identitätsangebot ausschließlich auf die gebildeten Wohlstandsmilieus zielen, aber als »truth, information, data« verkauft werden.[114]

Noch einmal anders gewendet und etwas zugespitzt: Der Journalist von heute geht nicht mehr hinaus, um mit Menschen zu sprechen und sich überraschen zu lassen, sondern formuliert das um, was seine Kollegen auf anderen Portalen geschrieben haben, und weiß dabei schon vorher, wie das Urteil ausfallen wird, weil er sich in seinem Digitalprofil längst festgelegt hat. Wenn ich gestern Greta Thunberg und ihre Freitagsjünger gefeiert habe, kann ich morgen nicht auf Klimakleber losgehen, ohne die Gefolgschaft zu verschrecken und meinem Arbeitgeber so Reichweite zu nehmen. Die Medienunternehmen wollten schon immer über ein möglichst zahlungskräftiges Publikum die besten Werbekunden erreichen und haben

113 Sahra Wagenknecht: Die Selbstgerechten, Frankfurt am Main 2021, S. 26.
114 Batya Ungar-Sargon: Bad News, New York 2021, S. 114.

dafür alles ausgeblendet, was die Reichen und Schönen nicht interessiert oder verschrecken könnte. Im Digitalzeitalter verstärkt sich dieser Trend. Die Schaffnerin, der Busfahrer, der Koch, die Kellnerin: All diese Menschen können nicht den ganzen Tag online sein und dort ihre Themen oder ihre Sicht auf die Wirklichkeit pushen. Die Redakteure treffen so auch auf den Bildschirmen vor allem auf ihresgleichen, neigen so fast zwangsläufig dazu, virtuelle und reale Welt zu verwechseln, und sind dann oft genug bereit, alle zu verbeißen, die das anzweifeln, was an Deutung und Moral von ›ganz oben‹ kommt und über das Propagandaheer im Netz groß aufgeblasen wird.

Was an Widerstandsgeist wachsen könnte, wird von den Arbeitsbedingungen erstickt. Während sich Volkes Stimme über Intendantengehälter empört, über Moderationshonorare oder über Gewinne von Talkshowgrößen, werden einfache Reporter und Redakteure in Abhängigkeit gehalten und gar nicht so selten in prekären Verhältnissen. Im öffentlich-rechtlichen Rundfunk arbeiten zwei Drittel der Programmmitarbeiter freiberuflich.[115] Schichten und Aufträge werden zwar ordentlich bezahlt, aber erstens ist es nicht so einfach, damit auf einen Vollzeitjob zu kommen, und zweitens (wichtiger) bringt der Status ganz automatisch Unsicherheit mit sich. Stehe ich nächsten Monat wieder im Dienstplan? Was muss ich tun, damit die Redaktion meinen Beitrag abnimmt und mich wieder losschickt? Auszubrechen ist schwer ohne Kündigungsschutz. Ein lebender Beweis für diese These war 2019 bei mir in einer Vorlesung: Volker Bräutigam, Jahrgang 1941, ein Lkw-Fahrer, der als Autodidakt 1975 Redakteur der *Tagesschau* wurde, bis heute anders denkt, schreibt und spricht »als Kinder aus einer bürgerlichen Akademikerfamilie« und damals den eigenen Laden in

115 Stefan Fries: Versteckte Opfer des Spardrucks, Deutschlandfunk, 23.4.2018.

 einem Buch heftig attackierte.[116] Bräutigam im Hörsaal: »Zwei Auflagen und mehr als 25.000 Exemplare. Es gab riesigen Ärger. Das ging nur, weil ich fest angestellt war. Ich konnte mir das leisten, nach dem Motto: Die können mich eh nicht rauswerfen. So etwas wäre heute undenkbar. Man wäre erledigt.«[117]

In den kommerziellen Medienhäusern sieht es nicht besser aus. Der Deutsche Journalistenverband dokumentiert auf seiner Webseite die »Tarifflucht der Verlage«. Wer lange dabei ist, hält in aller Regel wenigstens sein Lohnniveau, muss aber oft länger arbeiten. Von den Neuen verhandelt jeder »für sich allein. Die jungen Kollegen sind angemeiert. Die werden einfach abgespeist«.[118] 43 Prozent der Journalisten schätzen ihre Arbeitssituation als »prekär« ein und 58 Prozent als »eher unsicher«.[119] Die Anziehungskraft dieses Berufs hat deshalb in den letzten Jahren spürbar nachgelassen. Selbst die Deutsche Journalistenschule München, die früher jedes Jahr 1.000 Bewerbungen bekam, hat inzwischen Mühe, im Auswahlverfahren für die 45 Plätze so etwas wie echte Konkurrenz entstehen zu lassen.

Christian Hoffmann, Professor für Kommunikationsmanagement in Leipzig, sieht die ökonomische Situation sogar als Wurzel für das, was er »Linksbias« nennt. Wer sich bei seiner Berufswahl eher von »materiellen Motiven« leiten lasse wie »Konservative und Liberale«, meide den Journalismus inzwischen. Stattdessen würden die Redaktionen Menschen anziehen, denen eine Mission wichtiger sei als Karriere, Einkommen, Wohlstand. Hoffmann glaubt deshalb, dass der Aktivismus weiter »Oberwasser« bekommt und das Feld noch homogener

116 Die Tagesschauer, Reinbek 1982.

117 Alexis von Mirbach, Michael Meyen: Das Elend der Medien, Köln 2021, S. 235.

118 Regionalzeitungsredakteurin, Jahrgang 1968. Ebenda, S. 110.

119 Thomas Hanitzsch, Jana Rick: Prekarisierung im Journalismus, München 2021, S. 2.

wird, weil niemand gern in einer »Außenseiterposition« arbeite.[120] Zur Homogenität der großen Redaktionen trägt auch die Medienszene bei, die sich selbst mit Adjektiven wie ›konzernfrei‹ oder ›alternativ‹ schmückt und von den Entscheidern ignoriert oder diffamiert wird. Profis wie Milena Preradovic, Burkhard Müller-Ullrich (*Kontrafunk*), Alexander Wendt und Olaf Opitz (beide früher beim *Focus* und heute bei *Tichys Einblick*), Boris Reitschuster oder Kayvan Soufi-Siavash würden bei ihren alten Arbeitgebern jede Redaktionskonferenz beleben. Das gilt auch für einen Journalisten wie Paul Schreyer (*Multipolar*), der gleich ›auf der anderen Seite‹ angefangen hat.

Die Konkurrenz aus dem Internet hat den Korpsgeist verstärkt und aus dem journalistischen Feld eine Wagenburg gemacht, in der sich Politiker und Beamte genauso verstecken können wie die anderen Helfershelfer des Wahrheitsregimes aus Universitäten, Kulturbetrieb und NGOs. Ganz unabhängig von Habitus und Abhängigkeiten hat das auch einen ganz banalen Grund: Jeder Fehltritt auf der großen Bühne wird schon in der nächsten Sekunde von irgendjemandem vor aller Augen im Netz zerpflückt. Ein Journalist, der sich als Kritiker und Kontrolleur der Macht sieht, hat so kaum noch eine Chance auf Exklusivität – auf das, was im Berufsstand wirklich zählt.[121] Vor diesem Hintergrund wirkt es fast rational, Minister wie Robert Habeck oder Annalena Baerbock zu verteidigen, sich so die Gunst der fünf »Kartellparteien« zu sichern, »die immer stärker im Staat aufgehen«,[122] und damit auch die Aussichten auf einen Jobwechsel zu verbessern. Ergebnis: das, was manche als ›Gleichschaltung‹ bezeichnen und in der Medieninhaltsforschung als Gleichklang

120 Interview von Marc Felix Serrao, NZZ, 17.2.2021.
121 Siehe Michael Meyen: Breaking News, Frankfurt am Main 2018.
122 Philip Manow: (Ent-)Demokratisierung der Demokratie, Berlin 2020, S. 82.

 nachhallt – von der »Flüchtlingskrise«[123] über Corona[124] und Klima[125] bis zum Ukraine-Krieg[126].

Aktivismus und der Wandel zum Lautsprecher der Politik werden über kurz oder lang eine Berufsideologie fortspülen, die Hanns Joachim Friedrichs, damals Mister *Tagesthemen*, 1995 kurz vor seinem Tod in einem *Spiegel*-Gespräch auf den Punkt gebracht hat: »Distanz halten, sich nicht gemein machen mit einer Sache, auch nicht mit einer guten.«[127] Die ersten Vorboten sind schon da. Das Feld diskutiert über subjektiven, konstruktiven und transformativen Journalismus[128] – neue Ideale, die den Keim der Belehrung in sich tragen und den Gestus der Überlegenheit, zwei Treiber der Cancel Culture, die in den Leitmedien auch deshalb eine Heimat finden konnte, weil der Digitalkonzernstaat ein Wahrheitsministerium ohne Adresse und Minister errichtet hat.

123 Michael Haller: Die »Flüchtlingskrise« in den Medien, Frankfurt am Main 2017.

124 Siehe Timo Rieg: Qualitätsdefizite im Corona-Journalismus, München 2023 und Marcus Maurer, Carsten Reinemann, Simon Kruschinski: Einseitig, unkritisch, regierungsnah? Berlin 2021.

125 Bis zum 19. Januar 2024 hatten 307 zum Teil prominente Medienleute die Charta des Netzwerks Klimajournalismus unterzeichnet, die dem »globale Norden« die »Verantwortung für die Klimakrise« zuschiebt (»menschengemacht«) und das Pariser Klimaabkommen von 2015 sowie das Klima-Urteil des Bundesverfassungsgerichtes von 2021 zu »Richtschnur und Leitplanken« der eigenen Arbeit macht.

126 Siehe Marcus Maurer, Jörg Haßler, Pablo Jost: Die Qualität der Medienberichterstattung über den Ukraine-Krieg, Frankfurt am Main 2023.

127 Nr. 13, S. 112–119, hier 113f.

128 Siehe Maren Urner: Schluss mit dem täglichen Weltuntergang, München 2019 und Uwe Krüger: Transformativer Journalismus, in: Michael E. Mann et al. (Hrsg.): Medien in der Klima-Krise, München 2022, S. 161–171.

5. Zensur: Artikel 5 findet nicht statt

Was immer eine Regierung in Propaganda investiert und wie sehr sie den Journalismus auch infiltriert oder an die Kandare genommen haben mag: Um die Öffentlichkeit zu beherrschen, müssen Gegenstimmen marginalisiert, delegitimiert oder ganz aus dem Sichtfeld der Bevölkerung verbannt werden. »Eine Zensur findet nicht statt«: Dieser Satz aus dem Grundgesetz stimmt nur noch, wenn sein Kernbegriff »ganz eng« ausgelegt wird – als eine »Vorprüfung«, die direkt vom Staat ausgeht und im Extremfall zu einem »Verbot von Äußerungen« führen kann.[129] Einfacher formuliert: Es gibt immer noch kein Wahrheitsministerium. Es gibt auch kein Ministerium für Volksaufklärung und Propaganda wie im Dritten Reich und kaum Staats- oder Parteimedien wie in der DDR, wo schon die Besitzverhältnisse keinen Zweifel daran gelassen haben, wer dort im Zweifel der Zensor war.[130] Es gibt allerdings eine Allianz von Staaten und Digitalkonzernen, die den gleichen Effekt hat. Und es gibt den Digital Services Act der Europäischen Union (DSA), beschlossen 2022 und voll in Kraft seit dem 17. Februar 2024, der die Überwachungsbürokratie perfektioniert und legalisiert, die in den letzten Jahren entstanden ist, und so das Potenzial hat, das »Recht auf Meinungs- und Informationsfreiheit« zu beerdigen.[131]

Hannes Hofbauer, ein Historiker aus Wien, datiert die Geburt des Zensurregimes der Gegenwart auf den 28. November 2008. Beim EU-Rahmenbeschluss von diesem Tag sei es um »die Definitionshoheit über Völkermord«

129 Nikola Roßbach: Achtung Zensur! Berlin 2018, S. 8, 11.
130 Siehe Anke Fiedler: Medienlenkung in der DDR, Köln 2014.
131 Manfred Kölsch: Meinungsfreiheit in der EU in Gefahr, Berliner Zeitung, 18.1.2024.

 gegangen und damit »de facto« um Diskussionsverbote und Tabus in Sachen Kriegsschuld etwa in Jugoslawien oder in den Nachfolgestaaten der Sowjetunion.[132] In Deutschland ist dieses Thema noch einmal aufgeploppt, als Paragraf 130 des Strafgesetzbuchs (Volksverhetzung) 2022 entsprechend angepasst wurde.[133] Ende der Nullerjahre war, das habe ich in Kapitel 2 beschrieben, offensichtlich geworden, dass die tradierten Propagandamittel nicht mehr ausreichen würden, um die Deutungshoheit zu behalten. Die Digitalplattformen waren spätestens nach der Einführung des iPhone (2007) auf dem Weg zu einem Massenphänomen. Das hieß auch: Von nun an waren alternative Interpretationen der Wirklichkeit für jeden zu jeder Zeit und an jedem Ort verfügbar,[134] ohne dass die Professionalität bei der Aufbereitung oder die Qualität der Belege sofort Aufschluss darüber gaben, welche Sicht der Dinge Gültigkeit beanspruchen kann. Wer auf Definitionsmacht aus ist (wie Regierungen, die EU-Kommission oder Multimilliardäre, deren Position und Geschäfte auch von öffentlicher Sympathie abhängen), musste spätestens jetzt anfangen, Konkurrenznarrative und unliebsame Informationen zu bekämpfen.

Neben EU-Verordnungen wie dem ›Rahmenbeschluss zur strafrechtlichen Bekämpfung bestimmter Formen und Ausdrucksweisen von Rassismus und Fremdenfeindlichkeit‹ von 2008 und dem Digital Services Act, auf den

132 Hannes Hofbauer: Zensur, Wien 2022, S. 124f.

133 Absatz 5 seit dem 4. Dezember 2022: »Mit Freiheitsstrafe bis zu drei Jahren oder mit Geldstrafe wird bestraft, wer eine Handlung der in den §§ 6 bis 12 des Völkerstrafgesetzbuches bezeichneten Art gegen eine der in Absatz 1 Nummer 1 bezeichneten Personenmehrheiten oder gegen einen Einzelnen wegen dessen Zugehörigkeit zu einer dieser Personenmehrheiten öffentlich oder in einer Versammlung in einer Weise billigt, leugnet oder gröblich verharmlost, die geeignet ist, zu Hass oder Gewalt gegen eine solche Person oder Personenmehrheit aufzustacheln und den öffentlichen Frieden zu stören.« Die Paragrafen im Völkerstrafgesetzbuch behandeln Völkermord, Verbrechen gegen die Menschlichkeit und weitere Kriegsverbrechen. Paragraf 130 Absatz 1: »nationale, rassische, religiöse oder durch ihre ethnische Herkunft bestimmte Gruppen«.

134 Siehe Peter Vorderer: Der mediatisierte Lebenswandel, Publizistik 2015, S. 259–276.

zurückzukommen sein wird, wurden dafür drei weitere Möglichkeiten genutzt. Man hat die Kontrolle des Internets erstens institutionalisiert – etwa in der ›East StratCom Task Force‹ (Strategisches Kommunikationsteam Ost), etabliert im März 2015 nach dem »Regimewechsel in der Ukraine« mit dem Ziel, das »eigene Narrativ« durchzusetzen,[135] oder im European Digital Media Observatory (EDMO), wo seit 2020 Akademiker, Techniker und ›Faktenchecker‹ zusammenarbeiten. Zweitens haben politische und ökonomische Macht ihren Schulterschluss öffentlich gemacht – nachzulesen zum Beispiel im ›Verhaltenskodex gegen Desinformation‹, den EU und Digitalwirtschaft 2018 vereinbart und 2022 mit weiteren Unterzeichnern erneuert haben. Dieser Kodex verpflichtet die Plattformen, »abweichende Positionen« mit allen Mitteln zu bekämpfen.[136] Und drittens haben die Konzerne die Sache selbst in die Hand genommen und eine Internetpolizei etabliert, zu der das International Fact-Checking Network (2015 mit der Hilfe von Ebay-Gründer Pierre Omidyar angesiedelt am Poynter Institute in den USA[137]), das US-Unternehmen NewsGuard, das grüne und rote Schilder im Netz aufstellt,[138] und die Trusted News Initiative (TNI) gehören.

Um gleich bei diesem letzten Beispiel zu bleiben: Die TNI, im Sommer 2019 unter BBC-Schirmherrschaft gestartet, vereint das Who's Who der westlichen Meinungsfabriken:

- Nachrichtenagenturen – AP, AFP, Reuters, dpa,
- Rundfunkanstalten – neben der BBC und der European Broadcasting Union mit den Mitgliedern ARD und ZDF auch die CBC (Kanada), ABC und SBS (beide Australien) sowie NHK (Japan),

135 Hannes Hofbauer: Zensur, Wien 2022, S. 129.
136 Hannes Hofbauer: Zensur, Wien 2022, S. 143, 204.
137 Siehe Lucas Graves: Boundaries Not Drawn, Journalism Studies 2018, S. 613–631.
138 Siehe Paul Schreyer: Medien aussortieren, Multipolar, 30.3.2022.

- große Zeitungen – *Financial Times, New York Times, Washington Post, Wall Street Journal* sowie Blätter aus Pakistan, Indien, Indonesien und Kenia,
- die wichtigsten Internetunternehmen – Microsoft, Google, YouTube, Twitter, Facebook, First Draft und
- das Reuters Institute for the Study of Journalism, eine wissenschaftliche Einrichtung an der Universität Oxford, die vor allem vom Medienkonzern Thomson Reuters gesponsert wird.

Worauf man sich hier einigt, das sollte diese Liste schon beim Überfliegen deutlich machen, wird zu einer ›Wahrheit‹, der sich alle beugen müssen, die in den Leitmedien arbeiten, weil auch die Reichweite und die Arbeitsweise jeder deutschen Lokalredaktion inzwischen von der Plattformlogik bestimmt wird. Schon bei der TNI-Gründungsveranstaltung im Juli 2019 warnte Tony Hall, damals Generaldirektor der BBC, vor einer möglichen Trump-Wiederwahl und Impfgegnern. Am 27. März 2020 verkündeten die TNI-Mitglieder dann, dass sie sich ab sofort gegenseitig alarmieren würden, wenn »Fehlinformationen« oder »Verschwörungstheorien« in Sachen Corona auftauchen, um jede weitere Verbreitung zu verhindern. Und am 10. Dezember 2020, wenige Tage nach der Zulassung des Biontech-Pfizer-Stoffes in Großbritannien, wurde entschieden, alles zu unterdrücken, was die Coronagefahr herunterspielen und gegen eine Behandlung mit der mRNA-Technologie sprechen könnte. Die TNI nahm ihre Sicht auf das Thema dabei aus den gleichen Quellen wie die Regierungen[139] und wurde später vor Nachforschungen geschützt. In Großbritannien lehnte es die Datenschutzbehörde 2022 ab, Schriftwechsel und Vereinbarungen zwischen BBC und TNI im Rahmen des

139 Siehe Elisabeth Woodworth: COVID-19 and the Shadowy »Trusted News Initiative«, Global Research, 22.1.2022.

Informationsfreiheitsgesetzes zugänglich zu machen.[140] Nur wenige Wochen später wurden neue Mitglieder aus dem Asien-Pazifik-Raum aufgenommen. Kernanliegen bleibt ein Alarmsystem, das auf Deutungshoheit zielt: »Desinformationen aufdecken, die Menschenleben bedrohen oder die Demokratie stören.«[141]

Das Beispiel wird hier nicht nur wegen der enormen Deutungsmacht der TNI so ausführlich behandelt, sondern auch, weil es zeigt, dass sich die vier genannten Zensurwege nur analytisch trennen lassen. Ohne den Druck des Gesetzgebers, der sich in gut ausgestatteten Beobachtungsstellen mit Skandalisierungspotenzial manifestiert und in mehr oder weniger freiwillige Selbstbeschränkungen mündete (jede Einschränkung kostet Reichweite, Datenzugang und damit Gewinn), wäre die Internetpolizei in dieser Form nicht entstanden. Konkreter: Warum sollte Facebook »Cleaners« in Manila bezahlen (so der Titel eines Dokumentarfilms von Hans Block und Moritz Riesewieck aus dem Jahr 2018) und YouTube »Mitarbeiter von NGOs oder Behörden« als »Trusted Flagger« ausbilden und einsetzen,[142] wenn es keine gemeinsamen Interessen und kein Zusammenspiel mit der politischen Macht geben würde?

Die Anschlussfrage ergibt sich von selbst: Wie konnte ein solches Zensurregime in einem Land wachsen, das auch und gerade bei diesem Thema gewissermaßen ein doppelt gebranntes Kind ist und Wiederholungen mit Artikel 5 des Grundgesetzes eigentlich einen Riegel vorschiebt? Antwort: Durch eine Atmosphäre, die Internetaktivitäten jenseits der Leitmedien unter Generalverdacht stellt und so einen Schutzmantel für alle offiziellen Narrative liefert. Zu dieser offiziellen Sichtweise gehört, dass der »Feind«

140 Entscheidung IC-185687-C4J8 vom 22.8.2022.

141 Trusted News Initiative creates Asia-Pacific network, CBC (Kanada), 9.11.2022.

142 Siehe die Community-Richtlinien.

 aus dem Internet kommt. Das heißt: Kritik und Gegenwind haben aus dieser Perspektive nichts mit eigenen Fehlern zu tun oder mit Problemen, Sorgen, Nöten aus der realen Welt, sondern ausschließlich mit den neuen Kommunikations- und Vernetzungsmöglichkeiten von Menschen, die früher öffentlich unsichtbar waren. Dieses Erklärungsmuster gilt nicht nur für Deutschland. Die US-Demokraten machten aus dem Trump-Sieg von 2016 ein ›Russia Gate‹, und Emmanuel Macron warf »Putins Medien« vor, sich erst in den Wahlkampf von 2017 eingemischt und dann 2019 über die Digitalplattformen auch die Gelbwestenproteste angeheizt zu haben.[143]

Der französische Präsident brauchte hier nur von Angela Merkel abzuschreiben. »Es heißt ja neuerdings, wir lebten in postfaktischen Zeiten«, sagte die Bundeskanzlerin 2016 in einer Rede zur Flüchtlingspolitik. »Das soll wohl heißen, die Menschen interessieren sich nicht mehr für Fakten, sie folgen allein den Gefühlen.« Bei der Einweihung der BND-Zentrale 2019 hieß es aus demselben Mund: »Wir müssen lernen, mit Fake News als Teil der hybriden Kriegführung umzugehen.« In ihrer Regierungserklärung vom 29. Oktober 2020 hat Merkel das Land dann in der gleichen Tonalität auf einen Lockdown eingeschworen: Kritik an den Coronamaßnahmen sei zwar unverzichtbar, »aber Lüge und Desinformation, Verschwörung und Hass beschädigen nicht nur die demokratische Debatte, sondern auch den Kampf gegen das Virus«. Die Angst vor einem »Cyber 9/11« ist in den Schaltzentren der westlichen Hemisphäre seit gut zwei Jahrzehnten präsent, orchestriert auch von hochkarätig besetzten Planspielen, die das Netz mit einem »feindlichen Waffensystem« gleichsetzen.[144] Die wichtigsten

143 Alexis von Mirbach: Jenseits von Gut und Böse, in: Alexis von Mirbach, Michael Meyen: Das Elend der Medien, Köln 2021, S. 12–51, hier 18.

144 Siehe James Corbett: Wenn False Flags virtuell werden, 2020News, 10.1.2021.

Kampfbegriffe für den Gegenangriff finden sich sowohl in den Merkel-Zitaten als auch in akademischen Texten, die die Desinformations-Erzählung stützen: Fake News, Hass und Hetze, Verschwörungstheorien, Populismus. Jeder dieser Begriffe ist im öffentlichen Bewusstsein seit Mitte der 2010er Jahre mit einem Warnblinker verknüpft: Achtung, ›die Demokratie‹ ist in Gefahr![145] Was genau damit gemeint ist, bleibt in aller Regel schon deshalb offen, weil Machtkontrolle sowie die Beteiligung der Vielen an Entscheidungen, die ihr Leben betreffen, die Strahlkraft der »Leitidee« Demokratie ausmachen[146] und schnell offenkundig werden würde, wie weit weg dieses Ideal von der Lebenswirklichkeit in westlichen Gesellschaften ist.[147] Stattdessen wird die Drohkulisse je nach kulturellem Kontext mit ›Rassismus‹ angereichert (USA)[148] oder mit ›Rechtsextremismus‹ (Deutschland).

Die Namen der Gespenster, die angeblich in den Tiefen des Netzes lauern und Zensur rechtfertigen, sind dabei perfekt gewählt. Niemand sitzt gern Fälschungen und Verschwörungen auf, niemand mag Hass und Hetze. Um nicht falsch verstanden zu werden: Das Internet ist voll davon. ›Wahrheit‹ aber, auch das steht schon in Kapitel 2, gibt es nur im Streit. Wenn der Staat ein guter Schiedsrichter wäre, hätten die Väter und Mütter des Grundgesetzes Artikel 5 anders formuliert. Und wenn sich ›Hass‹ leicht in ein Gesetz verwandeln ließe, wäre das Arsenal der Straftatbestände (Beleidigung, Nötigung, Volksverhetzung, Aufforderung zu Straftaten) längst entsprechend erweitert worden. Als Kampfbegriff taugt

145 Nur ein Beispiel: Bundespräsident Steinmeier warnte auf dem 36. Evangelischen Kirchentag im Mai 2017 vor einer »Zersetzung der Demokratie« und sprach ausdrücklich von »Fake News und gefühlten Wahrheiten als Fundament eines neuen Irrationalen«.

146 Siehe Rainer Mausfeld: Hybris und Nemesis, Frankfurt am Main 2023.

147 Siehe Lea Elsässer, Svenja Hense, Armin Schäfer: »Dem deutschen Volke«? Zeitschrift für Politikwissenschaft 2017, S. 161–180.

148 Siehe Batya Ungar-Sargon: Bad News, New York 2021.

 nur, was möglichst unbestimmt ist und trotzdem sofort Abwehr auslöst.

Um dies nur an einem Fall durchzuspielen: Wo es ›Fake News‹ gibt, muss es, sonst bräuchte man den Zusatz ›Fake‹ nicht, ›richtige‹ News geben. Die ›Wahrheit‹ sozusagen, nicht gefälscht und nicht in Mazedonien ausgedacht oder gar in Moskau – da zu finden, wo ›News‹ draufsteht und der Machtapparat dahinter, etwa in der *Tagesschau*. Politik, Journalismus und Wissenschaft haben dafür gesorgt, dass wir heute sofort an Telegram und TikTok, X (Twitter) oder Facebook denken, wenn wir ›Fake News‹ hören. An »Falschinformationen«, die »bewusst und absichtlich online verbreitet werden«.[149] An dubiose Echokammern und Filterblasen sowie an Storys ohne sachliche Grundlage, die wie Nachrichten aussehen.[150] An Kampagnen und an »Urheber«, die »anonym aus dem Ausland heraus operieren«.[151] ›Fake News‹: Bis in die späten Nullerjahre benutzten Wissenschaftler und Publizisten diesen Begriff, wenn sie über Satire oder Parodien schrieben (etwa über die *heute-show* mit Oliver Welke im ZDF), über manipulierte Fotos, über PR, Werbung und Propaganda.[152] Bei Andreas Elter, einem Medienforscher und Historiker, kann man nachlesen, wie US-Behörden im Irakkrieg 2003 Fernsehstationen im ganzen Land mit Jubelbildern versorgt haben. Billig, aktuell, aber kein Journalismus. ›Fake News‹, geliefert direkt aus dem Zentrum der Macht.[153]

Heute nutzen Regierungen diesen Begriff genau wie Kombinationen rund um das Substantiv ›Verschwörung‹,

149 Philipp Müller, Nora Denner: Was tun gegen »Fake News«? Potsdam-Babelsberg 2017, S. 7.

150 Siehe Hunt Allcott und Matthew Gentzkow: Social Media and Fake News in the 2016 Election, Journal of Economic Perspectives 2017, S. 211–236.

151 Christoph Neuberger: »Wir brauchen eine akzeptierte Wissensbasis«, NDR, 13.12.2016.

152 Siehe Edson C. Tandoc Jr., Zheng Wei Lim, Richard Ling: Defining »Fake News«, Digital Journalism 2018, S. 137–153.

153 Die Kriegsverkäufer, Frankfurt am Main 2005, S. 312.

um alles zu delegitimieren, was ihren Interessen widerspricht. Über Verschwörungstheorien muss man nicht reden und mit ihren Anhängern auch nicht. Verschwörungstheorien sind, so sagt es Michael Butter, einer der Wissenschaftler im Streitwagen der Macht, »falsch«. Immer. »Noch nie« habe sich »eine Verschwörungstheorie im Nachhinein als wahr herausgestellt«.[154] Unsinn, sagt jeder Forscher.[155] Ob etwas ›wahr‹ oder ›falsch‹ ist, zeigt die Empirie. Ich kann zwar das eine hoffen oder das andere, um aber sicher zu sein, muss ich in die Wirklichkeit – ein Weg, den der Kampfbegriff versperrt.

Ähnlich gut getarnt sind die ›Faktenchecker‹ – ein besonders starker Arm der neuen »diskursiven Polizei«.[156] Wer sollte etwas einzuwenden haben gegen Menschen, die noch einmal draufschauen auf das, was man gerade zusammengeschrieben hat? Das Versprechen, das im Namen steckt (die ›Wahrheit‹, noch einmal geprüft), ist perfide, weil es suggeriert, dass es in komplexen Gesellschaften Eindeutigkeit und Orientierungssicherheit ohne jeden persönlichen Rechercheaufwand geben kann. Das erklärt, warum sich neben *Correctiv* (gegründet 2014 mit Geld der Verlegerfamilie Brost und inzwischen ein Team von knapp hundert Menschen) Privatinitiativen wie die Seite *Volksverpetzer* und Faktencheckabteilungen unter dem Dach traditioneller Medienhäuser etablieren konnten (bei der dpa, beim *Bayerischen Rundfunk*, bei der *Tagesschau*). ›Geprüft‹ wird von all diesen Redaktionen in aller Regel nur das, was der Realität der Leitmedien und damit der Regierungs- und Konzernpropaganda widerspricht.

Dieses Meinungsklima hat erlaubt, den Kampf gegen Andersdenkende in Zensurgesetze zu gießen. An erster Stelle zu nennen ist hier das Netzwerkdurchsetzungsgesetz

154 Michael Butter: »Nichts ist, wie es scheint«, Berlin 2018, S. 37.

155 Siehe Ansgar Schneider, Klaus-Dieter Kolenda: Generation 9/11, Frankfurt am Main 2021.

156 Michel Foucault: Die Ordnung des Diskurses, Frankfurt am Main 2014, S. 25.

(NetzDG), in Kraft seit 2017 und 2022 für die großen Plattformen (ab zwei Millionen Nutzer) um eine Meldepflicht für »potenziell strafrechtlich relevante Inhalte« erweitert,[157] dicht gefolgt vom Medienstaatsvertrag, der 2020 aus den Landesmedienanstalten »Kontrolleinrichtungen für die digitale Publikationswelt« gemacht hat. Seitdem fordert der »Gesetzgeber von Webseitenbetreibern, Bloggern und Medienintermediären« eine Wahrheitsprüfung (unter dem Etikett »journalistische Sorgfalt«), obwohl die »Definition von Wahrheit bzw. ihrer Missachtung keine hoheitliche Aufgabe sein dürfte«.[158] Hannes Hofbauer dokumentiert ausführlich, wie die beiden wichtigsten Stimmen der deutschsprachigen Gegenöffentlichkeit (die Plattform *KenFM*, die auf YouTube 500.000 Abonnenten hatte, und der russische Staatskanal *RT DE*) 2020 und 2021 auf dieser Basis ausgeschaltet wurden und wie Leitmedien und Berufsverbände dazu entweder geschwiegen oder sogar Beifall geklatscht haben.

Das NetzDG, das Entsprechungen in etlichen westlichen Ländern hat, ist ein Musterbeispiel für Regieren im »umgekehrten Totalitarismus« (Sheldon Wolin).[159] Hier ein »staatlicher Anstoß«, der auf »Hasskriminalität« und »Fake News« zielt und schon wegen der »interpretativen Dehnbarkeit« der Begriffe vor Gericht kaum umsetzbar wäre, und dort Internetkonzerne, die zu »Zensurmaschinen« mutieren können, weil das Gesetz mit hohen Strafen droht, wenn sie nicht löschen, blockieren, unterdrücken, und weil die Reservearmee des Digitalkonzernstaates tatsächlich alles ›meldet‹, was ihr nicht in den Kram passt und ihr Ein- und Auskommen gefährden könnte. Dieses »neue Zensorenregime« ist »irgendwo zwischen Berliner

157 Anna Biselli: Netzwerkdurchsetzungsgesetz, Netzpolitik, 31.1.2022.
158 Hannes Hofbauer: Zensur, Wien 2022, S. 144f.
159 Siehe Kapitel 1.

Justizministerium und US-amerikanischen Konzernzentralen« angesiedelt und so »kaum fassbar«.[160]

Dies gilt analog für den Digital Services Act der EU, der die Schlupflöcher der Corona-Jahre schließen soll. Diese Verordnung ist Ergebnis eines Lernprozesses, den Michael Ballweg, Erfinder der Protestbewegung »Querdenken«, und viele andere erleiden durften, die gegen Freiheitseinschränkungen demonstriert oder angeschrieben haben. Der Staat, sagt Ballweg im Rückblick, habe jemanden wie ihn nicht auf dem Schirm gehabt. Einen Unternehmer, der »alles riskiert, um sich für die Grundrechte einzusetzen«. Dieser Staat habe außerdem »die Power« der alternativen Medien unterschätzt. Bis Mitte 2021, glaubt Ballweg heute, hätten er und seine Leute im Netz »die Meinungshoheit« gehabt. »Das war die große Gefahr, welche die Behörden gesehen haben.«[161]

Die Zitate stammen aus einem Interview, das Mathias Bröckers mit Michael Ballweg geführt hat und das von innen zeigt, wie die Öffentlichkeit zerstört worden ist. Der Zeitzeuge Ballweg hat an die Demokratie-Erzählung geglaubt. Also hat er eine Marke entwickelt, seine Events live übertragen und die Reden »sauber auf YouTube nachdokumentiert«. Ein »Gegengewicht« schaffen zur »falschen Presseberichterstattung«. Den Debattenraum öffnen. Wenn alle Argumente auf dem Tisch liegen, so lässt sich seine Idee zusammenfassen, dann ist die Corona-Politik Geschichte und ich kann wieder im Wald meditieren. Michael Ballweg hat die Rechnung ohne den Wirt gemacht. Erst die Demos. Anmeldung, Regeln, Teilnehmerzahl, Orte, Ablauf. Ein Katz-und-Maus-Spiel. Dann der eigene Ruf und das, was nicht nur Ballweg den Geheimdiensten zuschreibt. Die Nazikeule, die »staatliche

160 Hannes Hofbauer: Zensur, Wien 2022, S. 135–138.
161 Michael Ballweg, Ralf Ludwig: Richtigstellung! Frankfurt am Main 2023.

 Inszenierung« an der Reichstagstreppe, das Treffen mit Peter Fitzek, der sich für einen König hält. Und schließlich die Internetzensur. Das Ende des Videokanals von »Querdenken« im Mai 2021, die Sperrung von Facebook-Konten kurz vor der Bundestagswahl vier Monate später. Inzwischen wissen wir, dass die Merkel-Regierung schon am 2. Juni 2020 Spitzenleute von Google und Facebook zu einem Corona-Gipfel einbestellt hat.[162] Wir haben die Twitter-Files gelesen, die belegen, dass FBI und CIA direkt an der Löschtaste saßen.[163] Und wir kennen den »Verhaltenskodex«, den die Digitalkonzerne in Brüssel unterschreiben mussten.

Mit dem Digital Services Act ist all das Geschichte. Ein Unternehmer, der im Wortsinn aus der Reihe tanzt? Journalisten, die im Internet Fangemeinden aufbauen, weil sie Fragen stellen, recherchieren, wider den Stachel löcken? Gar die »Meinungshoheit« teilen mit Menschen, die ihre Interessen und ihre Sicht auf die Wirklichkeit weder in den Parlamenten finden noch in den Leitmedien, deshalb auf die Straße gehen und Kameras mitnehmen? Nicht mit Ursula von der Leyen, nicht mit Abgeordneten wie Alexandra Geese von den Grünen, die einen »digitalen Frühling« heraufdämmern sieht – ohne all diese Leute, die die »Freiheit im Netz« bedrohen.[164] Die EU-Kommission hat im Juli 2020 einen »Aktionsplan für Demokratie« aus dem Hut gezaubert und jeder »Desinformation« den Kampf angesagt. Schluss mit dem NetzDG, das die Corona-Proteste nicht verhindern konnte, weil der Staat hier hoffen musste, dass das Silicon Valley mitspielt und die Gerichte diesen neuen »Zensurmaschinen« (Hannes Hofbauer) nicht ins

162 Filipp Piatov: Ließ die Regierung unliebsame Corona-Meinungen löschen? Bild, 25.1.2023. – Bei diesem Gipfel (Ziel: »Bekämpfung von Desinformation«) waren auch *Correctiv* und die Amadeu Antonio Stiftung. Siehe Nathan Giwerzew: Correctiv: Geheimtreffen im Innenministerium? Berliner Zeitung, 29.1.2024.

163 Siehe C. E. Nyder: Die Twitter Files, Rottenburg 2023.

164 Persönliche Webseite, 23.4.2022.

Löschwerk pfuschen. Schluss auch mit den Selbstverpflichtungen. Der Digital Services Act zwingt die Anbieter zu unser aller Glück. Das Ziel steht gleich in Artikel 1, veröffentlicht am 19. Oktober 2022, für alle Plattformen und Suchmaschinen gültig mit dem 17. Februar 2024 und für die Großen schon seit August 2023: ein »sicheres, berechenbares und vertrauenswürdiges Online-Umfeld«.

Im Klartext: Noch einmal wird sich der Staat nicht so leicht herausfordern lassen. DSA-Artikel 36 beschreibt einen »Krisenreaktionsmechanismus«, der Brüssel drei Monate lang erlaubt, Anbieter einzuschränken oder ganz vom Netz zu nehmen, wenn die Kommission »öffentliche Sicherheit« oder »öffentliche Gesundheit« bedroht sieht.[165] In normalen Zeiten liegt der Schwarze Peter bei Betreibern wie YouTube oder X, die darauf achten sollen, »wie ihre Dienste zur Verbreitung oder Verstärkung nur irreführender oder täuschender Inhalte einschließlich Desinformation genutzt werden«.[166] Irreführend, täuschend, Desinformation: Man muss gar nicht mehr gegen Recht und Gesetz verstoßen, um in die Mühlen der Löschmaschine zu geraten. Dabei gilt eine Art Präventionsprinzip nach dem Motto ›Gefahr im Verzug‹: Artikel 34 (Risikobewertung) nennt neben rechtswidrigen Inhalten »absehbare nachteilige Auswirkungen« auf alles Mögliche – von Wahlen über »die gesellschaftliche Debatte« bis zu »geschlechtsspezifischer Gewalt« und »Folgen für das geistige und körperliche Wohlbefinden einer Person«. Die Plattformen werden einen Teufel tun, irgendetwas stehen zu lassen oder zu promoten, was nur einen entsprechenden Verdacht auslösen könnte. Es drohen Geldbußen von bis zu sechs Prozent des weltweiten Vorjahresumsatzes (Artikel 52, Sanktionen). Das Bundeskriminalamt, das in

165 Amtsblatt der EU, 27.10.2022, L 277, S. 66.
166 Ebenda, S. 23.

Deutschland die Aufsicht übernehmen soll, rechnet mit 720.000 Meldungen und plant deshalb 450 neue Stellen.[167] Mit dem Digital Services Act hat die Cancel Culture ein Fundament, das für die Debattenkultur zum Sargdeckel werden dürfte.

167 Thomas Rudl: Mehr Personal für das Bundeskriminalamt unterm Weihnachtsbaum, Netzpolitik, 18.12.2023.

6. Cancel Culture: Akteure und Mechanik

Die Cancel Culture ist ein Gespenst, sagt Adrian Daub, ein Deutscher, Jahrgang 1980, der in Stanford lehrt und dort ein Institut für Genderforschung leitet. Die »Panik«, aus den USA importiert, sei kein Gradmesser für die »objektive Verbreitung des Phänomens«. Daub sagt: Lappalien. Nicht der Rede wert. Anekdoten, schlecht belegt oder gut erfunden. In jedem Fall ein Machtmittel der alten Eliten, die einfach nicht begreifen wollen, dass ihre Zeit vorbei ist und dass jetzt endlich auch die mitreden können, die früher keiner hören wollte. Die letzten beiden Sätze von Daubs Suhrkamp-Buch haben es in sich: »Der Kampf gegen Cancel Culture mag sich als Speerspitze eines wehrhaften Liberalismus verstehen. In Wahrheit ist er Teil des Backlash, der die liberale Demokratie überhaupt erst bedroht.«[168]

Der Stanford-Professor hat es damit bis ins *Erste* geschafft, in das Kulturmagazin *ttt – titel, thesen, temperamente*. Daub redet dort über schrullige 19-Jährige aus Ohio und über »Identitätskrisen der Rechten«, die offenbar nicht anders können, als sich an »jungen, woken Cancelern« abzuarbeiten. Die Sprecherin aus dem Off zieht das Wort Bedrohung so in die Länge, dass jeder weiß, was davon zu halten ist, und ergänzt sicherheitshalber, dass die ganze Debatte auf »progressive Aktivisten« ziele. Die Redaktion bebildert das mit grauhaarigen Männern sowie mit Markus Söder und Friedrich Merz und gibt den Zuschauern zum Schluss mit ins Bett, dass wir alle ruhig schlafen können. Diese Cancel Culture, die gibt es nicht.[169]

168 Adrian Daub: Cancel Culture Transfer, Berlin 2022, S. 39, 341.
169 Sendung vom 18.12.2022.

 Wie ist das möglich? Wie ist es möglich, dass Martina Thiele, Professorin für Medienwissenschaft in Tübingen, in einer Fachzeitschrift eine Parallele zur Debatte um »Political Correctness« ziehen und hier wie dort von einem »Popanz« sprechen kann – von einem »Kampfbegriff«, der denen in die Hände spielt, die nicht loslassen wollen von »Macht und Privilegien«?[170] »Ich bestreite, dass es eine Cancel Culture gibt«, hat die *FAZ* am 11. Mai 2021 über ein Interview mit Stephan Lessenich geschrieben, damals gerade als Erbe von Adorno und Horkheimer am Frankfurter Institut für Sozialforschung installiert. Also: Worüber schreibe ich hier eigentlich?

Cancel Culture geht, ich wiederhole die These dieses Buchs, von den Leitmedien aus sowie vom Parteien-Staat. Sie stützt sich auf ein intellektuelles Prekariat, das aus Steuertöpfen lebt, sowie auf eine Regierungspropaganda, die so tut, als ob Gleichberechtigung, Umweltschutz, Antirassismus oder Antifaschismus[171] Avantgarde-Themen wären, entdeckt von wenigen Aufgeklärten, durchzusetzen gegen eine Mehrheit der Ewiggestrigen. »Die größte Bedrohung für unsere Demokratie ist der Rechtsextremismus«, hat Olaf Scholz in seiner ersten Regierungserklärung am 15. Dezember 2021 gesagt und damit den Takt der Vernichtung genauso vorgegeben wie ihren Ort und ihre Sprache. »Unsere Demokratie«, bedroht von »rechts«. Genauer wird es nicht. Genauer darf es nicht werden. »Die Geschichte aller bisherigen Demokratie«, schrieb der gleiche Stephan Lessenich zwei Jahre früher, ist »im Kern eine Geschichte der Klassenkämpfe«. Die Anleihe bei Karl Marx liegt für diesen Soziologen nahe, weil er weiß, dass alles, was wir tun, von unserer gesellschaftlichen Position abhängt, und dass vor allem die Achse »oben gegen unten«

170 Martina Thiele: Political Correctness und Cancel Culture – eine Frage der Macht! Journalistik 2021, S. 72–79.

171 Siehe Wolf Wetzel: Anti-Antifaschismus, Berlin 2023.

verhindert, dass die Vielen tatsächlich mitreden können.
Wenn Regierungspolitiker in einem Konzernstaat von »unserer Demokratie« sprechen, dann ist das ganz wörtlich zu nehmen. Lessenich: »›Die da oben‹ wehren sich dagegen, dass ›die da unten‹ meinen, sich auf eine Stufe mit ihnen stellen zu können.«[172]

Der Kampf um Definitionsmacht und damit um Herrschaft ist zu einem Krieg geworden, seit jeder immer und überall die Regierungsversion der Wirklichkeit herausfordern oder wenigstens konkurrierende Sichtweisen aufrufen kann. Der Digitalkonzernstaat hat reagiert und eine Zensurmaschine installiert, die ohne Wahrheitsministerium auskommt und den Bürger spätestens mit dem Digital Services Act dazu nötigt, die Schere im Kopf arbeiten zu lassen, wenn er sich online äußert.[173] Was sich auf diesem Weg nicht aus der Öffentlichkeit verbannen lässt, wird gecancelt – eine weiche Form der Kontrolle, die sich leicht verschleiern lässt. Die US-Campus-Anekdoten, über die sich Akademiker wie Adrian Daub mokieren, sind eine der Nebelkerzen, am Glimmen gehalten von einem Journalismus, der zwar wie in einem Sandwich zerquetscht wird zwischen Regierungspropaganda und Plattformzensur, im Wahrheitsregime aber trotzdem nach wie vor den Takt angibt.

Die vielen Verweigerer von Abos und Rundfunkbeiträgen sind kein Gegenargument. Leitmedien produzieren das »Gedächtnis« der Gesellschaft – das, worauf wir bei jeder Begegnung zugreifen können, ohne Angst haben zu müssen, uns ins Abseits zu stellen.[174] Leitmedien produzieren auch das, woraus Alternativ- oder Oppositionsmedien ihren Stoff ziehen. Die Idee, dass Medien wirken, wird hier zu einer Prophezeiung, die sich selbst

172 Stephan Lessenich: Grenzen der Demokratie, Stuttgart 2019, S. 20, 39.

173 Siehe Manfred Kölsch: Meinungsfreiheit in der EU in Gefahr, Berliner Zeitung, 18.1.2024.

174 Siehe Kapitel 2.

 erfüllt: Wir unterstellen, dass alle anderen die Themen kennen, um die es in der *Tagesschau* geht, und sich der Moral unterwerfen, die dabei mitgeliefert wird – zumindest dann, wenn sie ihr vertrautes Umfeld verlassen. Diese Unterstellung funktioniert nur hier. *Tichy, Manova, Apolut, Nachdenkseiten, Hintergrund, Kontrafunk, Auf1*: Was immer solche Kanäle an Tatsachen und Perspektiven liefern, kann von Entscheidern in Behörden, Unternehmen oder Gerichten ignoriert werden, solange es nicht die Leitmedien erreicht. Sie können das selbst testen: Sobald Sie sich auf *Telegram* berufen oder auf eine der gerade genannten Redaktionen, wirkt das Verdikt, das alle diese Angebote mit sich tragen – von den Leitmedien eingebrannt in das Gedächtnis der Gesellschaft. Das ist der Hebel, den die Cancel Culture nutzt. Ohne öffentliche Zustimmung und öffentliche Legitimation geht heute fast nichts, vom großen Bauvorhaben bis zur kleinen und ganz persönlichen Karriere. Übersetzt: Wenn ich schon keine positiven Berichte bekomme, dann muss ich wenigstens negative verhindern. Niemand interessiert sich für den Twitter-Nutzer, der irgendwen oder irgendwas nicht mag. Aber jeder hat Angst davor, dass ein Journalist so einen Tweet entdeckt und daraus eine Geschichte macht. Die Wahrscheinlichkeit steigt, wenn es hinter dem Tweet einen Namen gibt und Prominenz, womöglich mit einem Platz nah an der Regierungssonne.

Manchmal arbeiten die Redaktionen auch ohne konkreten Anlass oder gewissermaßen auf Wiedervorlage und hin und wieder sicher auch nach einem Wink aus den Schaltzentralen der Macht. »Im Bund mit dem Verschwörungsrentner« stand über dem Text, den Ronen Steinke am 8. Januar 2023 in der *Süddeutschen Zeitung* veröffentlicht hat. Zehn Tage später war die Beziehung zwischen Hans-Georg Maaßen und C.H. Beck am Ende. Im Sommer 2022 hatte sich der Verlag noch vor seinen Autor gestellt und gelassen auf zwei Tweets reagiert, die

Maaßen »rechtsradikale und verschwörungstheoretische Äußerungen« unterstellten (Republikanischer Anwaltsverein) sowie »rassistische Argumentationsmuster« (die Juristin Kati Lang, die auch für das »migrationspolitische Portal« der Heinrich-Böll-Stiftung schreibt).[175] Damals war C.H. Beck schneller als der *Spiegel*, der aus der »Empörung« im Netz (wie gesagt: zwei Tweets vom Rand des Feldes) einen namenlosen Artikel machte,[176] und auch als die *FAZ*, die Stefan Huster sagen ließ, dass er »das Grundgesetz nicht mehr gemeinsam mit Hans-Georg Maaßen kommentieren möchte«.[177] Das Statement des Verlags stand da wie in Stein gemeißelt – bis die *Süddeutsche* einen ihrer Starautoren in die Schlacht schickte und sofort Schützenhilfe vom *Deutschlandfunk* bekam (am 9. Januar 2023, wieder Stefan Huster) und von der *FAZ* (Patrick Bahners einen Tag später: »Das Recht als politische Waffe«).

Cancel Culture zielt auf die Person, meint aber die Position. Was Hans-Georg Maaßen zum Grundgesetz schreibt, war dem Republikanischen Anwaltsverein genauso egal wie Kati Lang. Für Inhalte ist auf X (Twitter) auch gar kein Platz. Dort kann man nur sagen, dass der Mann ein Übel ist und dass alle zu ächten sind, die mit ihm zu tun haben. Mit dieser Kontaktschuldlogik werden Banken unter Druck gesetzt, die die ›falschen‹ Kunden bedienen, Büro- und Saalvermieter, Buchherausgeber und Spendenportale, Firmenchefs, Hochschulleitungen und Konzertveranstalter. Der Ablauf variiert nur wenig: Tweet, Anruf eines Journalisten (manchmal auch ohne Tweet), Distanzierung, Artikel, Wikipedia-Eintrag (Leitmedien gelten dort als Quelle) und damit in jeder Google-Suche ganz weit oben. Cancel Culture entzieht dem Meinungskampf so die

175 Kolja Zydatiss: Ausgestoßene der Woche, Achgut, 19.8.2022.

176 sak (Sabrina Knoll): Maaßen hat sich vom demokratischen Diskurs verabschiedet, 22.8.2022.

177 Ein Fall von Verfassungsrechtsschutz, 17.8.2022.

wirtschaftliche Basis. Wer zählt all das, was gar nicht mehr gecancelt werden musste, weil Menschen geahnt haben, auf was sie sich sonst eingelassen hätten? Wer fängt die Musiker auf, die Schauspieler, die Autoren, die niemand mehr bucht, besetzt, verlegt, weil sie Corona-Politik, Kriegstreiberei oder Klimahysterie öffentlich kritisiert haben? Sicher: Der soziale Tod ist unblutiger als das, was die Macht und ihre Helfershelfer früher eingesetzt haben, um Widersacher aus dem Weg zu räumen, und vielleicht sogar »profilschärfend«, wie Adrian Daub meint, der Stanford-Professor.[178] Eine Inschrift auf dem Internet-Grabstein cancelculture.de ersetzt aber weder Tantiemen noch Sprecherplätze. Wer dort steht, verliert den Zugang zu den Leitmedien – mit Folgen für das Gedächtnis der Gesellschaft und damit für das, was wir uns über uns selbst erzählen können.

Burkhard Müller-Ullrich, einst Redaktionsleiter beim *Deutschlandfunk* und im Wortsinn eine der Stimmen des öffentlich-rechtlichen Radios, hat Anfang 2024 im *Kontrafunk* eine Cancel-Geschichte erzählt, die das in all ihren Facetten einfängt, was ich gerade abstrakt beschrieben habe.[179] In dieser Geschichte geht es um den Verein Deutsche Sprache (VDS), 35.000 Mitglieder stark und eine Bastion gegen den »Gender-Unfug« (Titel eines Aufrufs von 2019), sowie um Silke Schröder, eine Berliner Immobilienunternehmerin, die am 25. November 2023 dabei war, als »hochrangige AfD-Politiker, Neonazis und finanzstarke Unternehmer« einen »Geheimplan gegen Deutschland« entworfen haben sollen, wie die Plattform *Correctiv*, zu großen Teilen finanziert über Steuern und Konzernstiftungen, am 10. Januar 2024 berichtete. Der Link zwischen beiden Protagonisten: Schröder war auch im VDS-Vorstand. Der Verein

178 Cancel Culture Transfer, Berlin 2022, S. 339.
179 Kontrafunk aktuell, 17.1.2024.

hat sich noch am gleichen Tag auf seiner Webseite distanziert: Ihre »Aktion« sei »weder mit dem VDS abgesprochen noch gar von diesem initiiert oder autorisiert« worden. Wie auch, lästert Müller-Ullrich. Frau Schröder frage den Verein schließlich auch nicht, wenn sie zum Friseur wolle oder in den Supermarkt.

Geholfen hat die Distanzierung nicht. Der »Medienmob« und die »Geier der guten Gesinnung« (Müller-Ullrich) forderten auf »tausend Twitter-Konten« von der Deutschen Umwelthilfe bis zu »Politikern sämtlicher Block- und Ampelparteien« Schröders Rücktritt und jagten gleichzeitig nach »Beute mit Promibonus«, nach Mitgliedern, die sich entweder distanzieren oder selbst zum »Nazi« gemacht werden können. *Der Spiegel* habe bei Vera Lengsfeld und Birgit Kelle geklingelt (vergeblich). Der *Deutschlandfunk* hatte bei Didi Hallervorden mehr Glück (weg mit der Frau). Das »Paradestück« sei einem Mitarbeiter von *Deutschlandfunk Kultur* gelungen – der Vereinsaustritt von Peter Sloterdijk, auf X (Twitter) mit einem Faksimile gefeiert wie ein Skalp. Der VDS aktualisierte seine Distanzierung am 15. Januar 2024. Silke Schröder sei ihrem Ausschluss zuvorgekommen. Die Geschichte hat bei Müller-Ullrich noch eine Pointe. Man könne die »SA-Truppen des Internets« natürlich ignorieren. Dann aber komme die SPD-geführte Verwaltung von Kamen in NRW, wo der VDS sitzt, und bedeute dem Verein, dass er für seine nächste Mitgliederversammlung wohl keine Räumlichkeiten bekommt. In anderen Städten dürfte es nicht leichter werden. Wikipedia hat die Schröder-Geschichte sofort aufgenommen und ergänzt: »Das AfD-Mitglied Regine Stephan ist weiterhin Mitglied im Vorstand.«[180]

Ich kann diese Geschichte aus der großen Politik gleich mit drei Anekdoten aus meiner kleinen Welt ergänzen,

180 Abgerufen am 25.1.2024.

 will aber vorher den Link setzen zu Kapitel 1, zu Warnhinweisen vor alten Filmen, zu Buchhändlern, die im Bestseller-Regal Fächer freilassen, und zu allem, was Sie selbst auf der »Burg Altkanzelsstein« (Yann Song King) erlebt haben. Immer geht es um die Angst vor dem Pranger, um die Angst vor öffentlicher Isolation.

Damit zu den Anekdoten. Nummer eins spielt im Herbst 2023 in Oberbayern, nach Auftritten von Max Otte und Markus Krall. Ablauf: Antifa beschmiert Gasthaus, Veranstalter machen sauber, Wirt ist zufrieden. Nicht so der Bürgermeister. Denk an deinen Pachtvertrag, mein lieber Freund. Ich will so etwas in unserem Dorf nicht mehr haben. Nummer zwei hat ein Doktorand erlebt, der im Sommer 2023 Dirk Pohlmann als Seminargast eingeladen hatte, einen Journalisten, der vom UNO-Sicherheitsrat zur Nordstream-Sprengung angehört wurde. Nicht jeder mag, was er zu sagen hat, aber okay: Auch das ist Universität. Verschiedene Standpunkte hören, sich daran reiben, erwachsen werden. Der Institutsdirektor sah das anders. Er wolle nicht in die Lehre hineinreden, natürlich nicht. Aber so etwas spreche sich herum. Es geht auch um deine Zukunft, lieber Doktorand. Dieser junge Mann ist jetzt ein gebranntes Kind. Die Leitung des Forschungsverbundes, in dem er arbeitet, lud ihn im gleichen Semester von einem Workshop aus und begründete das mit Beiträgen auf X (Twitter), die »unter vielen Projektbeteiligten Empörung, Fassungslosigkeit und auch Ängste ausgelöst« hätten. Die Beiträge selbst gibt es nicht mehr. Das Konto ist gelöscht. Mir sagte der Doktorand, er habe als Privatmensch Ampel und öffentlich-rechtlichen Rundfunk kritisiert. Anekdote Nummer drei lieferte mir ein Fan, der bei einem Autokonzern arbeitet: »Lieber Herr Meyen, vielen Dank für Ihre Gedanken auf dieser Plattform. Ich würde nur zu gerne meinen Daumen daruntersetzen, nur leben wir, und Sie wissen das sicher besser als ich, in Zeiten der Stigmatisierung aller Meinungen und Ansichten, die der hoheitlichen Erzählung zuwiderlaufen. Auch mein Arbeitgeber zeigt gerne ›Haltung‹ und dient sich zumindest in der öffentlichen Kommunikation dem Zeitgeist an. Denken Sie also gerne bei jedem Post an meinen Like, vielleicht kann ich diesen irgendwann auch einmal in Realität umsetzen. Wenn dem so sein sollte, hat sich entweder etwas in unserer Gesellschaft geändert oder ich stehe kurz vor dem Ruhestand und habe nichts mehr zu verlieren.«

Eigentlich hat es den Digital Services Act gar nicht mehr gebraucht. Schon jetzt passiert, was Manfred Kölsch, Richter im Ruhestand, mit der EU-Verordnung erst kommen sieht: »In der Konsequenz bedeutet dies für den Bürger, dass er sich selbst innerer Vorzensur unterwirft: Er wird dazu gedrängt, seine Mitteilungen an die Plattformen an dem auszurichten, was in den aktuellen politischen Meinungskorridor passt. Er wird das Risiko immanenter sozialer Nachteile nicht eingehen.«[181]

Der Fisch stinkt vom Kopf. Wir schaffen das, Klimanotstand, #WirBleibenZuhause und #allesindenArm, Russland ruinieren, #WeStandWithIsrael, #gemeinsamgegenrechts: Themen und Moral werden von oben vorgegeben und mit dem unterfüttert, wonach sowohl die hungrigen Bologna-Kinder suchen als auch Unternehmen jenseits von Kleinstbetrieben und Mittelstand. Steuergeld. Hier Forschungstöpfe, Stipendien, Stellen, manchmal sogar unbefristet. Dort Subventionen und Konjunkturpakete, flankiert von freundlichen Gesetzen. Im »umgekehrten Totalitarismus« (Sheldon Wolin) sind ›der Staat‹ und ›die Wirtschaft‹ keine Gegenspieler, sondern ›partner in crime‹. Der Konzernlenker von heute muss nicht mehr auf die kleinen Geldbeutel schielen. Käufer sind wankelmütig und viel weniger verlässlich als der Staat, der in Deutschland so fest in der Hand von fünf Parteien ist,

181 Meinungsfreiheit in der EU in Gefahr, Berliner Zeitung, 18.1.2024.

 dass auch ein Regierungswechsel keine Einbußen befürchten lässt.

Dass eine »offene Gesellschaft« »Feinde« hat, die es zu bekämpfen gilt, ist seit Karl Popper kein Paradox mehr, sondern ein Glaubenssatz, der vor allem dort heruntergebetet wird, wo man etwas zu verlieren hat.[182] Olaf Scholz hat diese »Feinde« in seiner ersten Regierungserklärung rechts gefunden und die Jagd auf eine »kleine extremistische Minderheit« eröffnet, die sich angeblich »von unserer Gesellschaft, unserer Demokratie, unserem Gemeinwesen und unserem Staat abgewandt« hat und »nicht nur von Wissenschaft, Rationalität und Vernunft«. Seine Gedächtnishilfen für all die kleinen Cancel-Kanzler in Redaktionen, NGOs, Behörden, Konzernzentralen und Warteschleifen: »Wirklichkeitsverleugnung«, »absurde Verschwörungsgeschichten«, »mutwillige Desinformation«. Man beachte die Adjektive und finde bei Scholz dann die Zauberworte, die jeder sprechen muss, der in die Schatzkammern des Subventionsstaates möchte (Manager, Intendanten, Wissenschaftler) oder dort schon sitzt. Ich muss das hier nicht wiederholen. Wichtig ist, dass die gleichen Schlagworte zum Ausschluss von allen führen, denen ein Verstoß unterstellt werden kann. Das klappt nur, weil Scholz und seine Sprechpuppen Werte beschwören, die längst Allgemeingut sind,[183] und so auf Pappkameraden schießen. Wo sind zum Beispiel die Menschen, die offen »Rassismus, Sexismus und jede andere Diskriminierung« befürworten (noch so ein Zitat aus besagter Regierungserklärung)?

Cancel Culture ist mehr als »eine systematisch angefachte moralische Entrüstung«, »die erst dann abebbt, wenn das Objekt der Wut seinen Job oder seine herausgehobene Sprecherposition verloren hat«.[184] *Spiegel*-Redakteur René

182 Siehe Karl Popper: Die offene Gesellschaft und ihre Feinde, London 1945.
183 Axel Klopprogge: Masse ohne Klasse, Medien+, 25.1.2023.
184 René Pfister: Ein falsches Wort, München 2022, S. 140.

Pfister übersieht in seinem Bestseller »Ein falsches Wort«, dass »Demokratie« für die Parteienoligarchie nur noch eine »weitgehend rhetorische Funktion« hat, die nötig ist, um ein »zunehmend korruptes politisches System« am Laufen zu halten.[185] Er muss das übersehen, weil sein Arbeitgeber zu diesem System gehört und er selbst stolz darauf ist, gegen Donald Trump zu kämpfen, diese »existenzielle Gefahr für die amerikanische Demokratie«, oder gegen »Figuren« wie Björn Höcke, offenbar ein vergleichbar großes »Unglück«.[186] In der DDR war Zensur einfacher. Dort wusste jeder, wem die Leitmedien gehören, und die Ideologie erlaubte der SED, auf alle anderen Öffentlichkeiten zuzugreifen. Diktatur des Proletariats. Kampf gegen den Klassenfeind. Damit ließ sich fast alles rechtfertigen. Für Verbote und offene Zensur müsste man heute die Ideologie anpassen. Bis dahin wird gecancelt und weiter behauptet, dass wir Meinungs- und Wissenschaftsfreiheit haben. Cancel Culture geht von denen aus, die gerade die Deutungshoheit haben. Deshalb sehen sie vor allem die, die nicht dazugehören.

185 Sheldon S. Wolin: Umgekehrter Totalitarismus, Frankfurt am Main 2022, S. 221.
186 René Pfister: Ein falsches Wort, München 2022, S. 15, 232f.

- **Hannah Arendt**: *Wahrheit und Lüge in der Politik*, München 2016.
- **Patrik Baab**: *Recherchieren*, Frankfurt am Main 2022.
- **Michael Ballweg, Ralf Ludwig**: *Richtigstellung!*, Frankfurt am Main 2023.
- **Ulrich Beck**: *Die Metamorphose der Welt*, Berlin 2017.
- **Peter L. Berger, Thomas Luckmann**: *Die gesellschaftliche Konstruktion der Wirklichkeit*, Frankfurt am Main 2016.
- **Edward Bernays**: *Propaganda*, Berlin 2018.
- **Andreas von Bülow**: *Die CIA und der 11. September*, München 2003.
- **Michael Butter**: *»Nichts ist, wie es scheint«*, Berlin 2018.
- **Manuel Castells**: *Die Internet-Galaxie*, Wiesbaden 2005.
- **Hermann Conen**: *Ausverkauf*, Norderstedt 2019.
- **Adrian Daub**: *Cancel Culture Transfer*, Berlin 2022.
- **Andreas Elter**: *Die Kriegsverkäufer*, Frankfurt am Main 2005.
- **Anke Fiedler**: *Medienlenkung in der DDR*, Köln 2014.
- **Michel Foucault**: *Der Gebrauch der Lüste*, Frankfurt am Main 1989.
- **Michel Foucault**: *Die Ordnung des Diskurses*, Frankfurt am Main 2014.
- **Michel Foucault**: *Die Regierung der Lebenden*, Berlin 2014.
- **Lutz Hachmeister, Christian Wagener, Till Wäscher**: *Wer beherrscht die Medien?* Köln 2022.
- **Václav Havel**: *Versuch, in der Wahrheit zu leben*, Reinbek 1989.
- **Edward S. Herman, Noam Chomsky**: *Manufacturing Consent*, New York 2000.
- **Hannes Hofbauer**: *Zensur*, Wien 2022.
- **Maria Karidi**: *Medienlogik im Wandel*, Wiesbaden 2017.
- **Marcus B. Klöckner**: *Sabotierte Wirklichkeit*, Frankfurt am Main 2019.
- **Christian Kreiß**: *Gekaufte Wissenschaft*, Hamburg 2020.
- **Uwe Krüger**: *Mainstream*, München 2016.
- **Stephan Lessenich**: *Grenzen der Demokratie*, Stuttgart 2019.
- **Walter Lippmann**: *Die öffentliche Meinung*, Frankfurt am Main 2018.
- **Niklas Luhmann**: *Die Realität der Massenmedien*, Opladen 1996.
- **Andreas Mäckler** (Hrsg.): *Schwarzbuch Wikipedia*, Höhr-Grenzhausen 2020.

- **Andreas Mäckler** (Hrsg.): *Schwarzbuch Wikipedia II*, Höhr-Grenzhausen 2023.
- **Philip Manow**: *(Ent-)Demokratisierung der Demokratie*, Berlin 2020.
- **Rainer Mausfeld**: *Hybris und Nemesis*, Frankfurt am Main 2023.
- **Birk Meinhardt**: *Wie ich meine Zeitung verlor*, Berlin 2020.
- **Nils Melzer**: *Der Fall Julian Assange*, München 2021.
- **Michael Meyen**: *Die Propaganda-Matrix*, München 2021.
- **Michael Meyen**: *Wie ich meine Uni verlor*, Berlin 2023.
- **Alexis von Mirbach**: *Medienträume*, Köln 2023.
- **Alexis von Mirbach, Michael Meyen**: *Das Elend der Medien*, Köln 2021.
- **Juan Moreno**: *Tausend Zeilen Lüge*, Berlin 2019.
- **Julian Nida-Rümelin**: *»Cancel Culture«*, München 2023.
- **C. E. Nyder**: *Die Twitter Files*, Rottenburg 2023.
- **René Pfister**: *Ein falsches Wort*, München 2022.
- **Thomas Piketty**: *Kapital und Ideologie*, München 2020.
- **Karl Popper**: *Die offene Gesellschaft und ihre Feinde*, London 1945.
- **Richard David Precht, Harald Welzer**: *Die vierte Gewalt*, Frankfurt am Main 2022.
- **Nikola Roßbach**: *Achtung Zensur!* Berlin 2018.
- **Mathew D. Rose**: *Korrupt?* München 2011.
- **Ansgar Schneider, Klaus-Dieter Kolenda**: *Generation 9/11*, Frankfurt am Main 2021.
- **Christopher Simpson**: *Science of Coercion*, New York 1994.
- **Bernd Stegemann**: *Die Öffentlichkeit und ihre Feinde*, Stuttgart 2021.
- **Batya Ungar-Sargon**: *Bad News*, New York 2021.
- **Thomas Wiedemann**: *Deutscher Kinospielfilm*, München 2024.
- **Sheldon S. Wolin**: *Umgekehrter Totalitarismus*, Frankfurt am Main 2022.
- **Shoshana Zuboff**: *Das Zeitalter des Überwachungskapitalismus*, Frankfurt am Main 2018.